JN121085

石と地層と地形を楽しむ
はりま山歩き

橋元 正彦

CONTENTS

目次

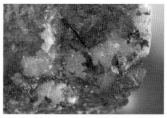

播磨全体図

岡山県
西粟倉村

⑳

⑲

⑱

朝来市

宍粟市

⑪ ⑩

神河町

佐用町

多可町

西脇市

①

㉑

市川町
⑫

加東市

㉒

姫路市

⑬ ⑤

福崎町

②

上郡町

㉓

たつの市

加西市

⑥

小野市

⑮

相生市

太子町

⑯

⑰ ⑭ ⑧

⑦

三木市

㉔

宮山

赤穂市

加古川市

③

㉕

㉖

⑨
高砂市

稲美町

神戸市西区

㉗

播磨町

明石市

④

【　本書をお使いになる前に　】

　山の歩き方は人それぞれですが、花や木の名前や、鳥の鳴き声がわかってくると楽しくなってきます。それと同じように、今歩いている山がどのような岩石でできているのかがわかってくるのもとても楽しいのです。岩石や地層は、ここで過去の地質時代に何が起こったのかを教えてくれます。地層が南の海からプレートに乗ってやってきたり、カルデラをつくるようなとてつもなく大きな火山噴火があったり、湖の底で静かに泥や砂がたまったりと、そんな大昔の大地の姿が目に浮かんでくるのです。

　本書は、播磨の山々を歩きながら地質や地形を楽しむための案内書です。紹介した27のコースは、できるだけ多様な地質を取り上げられるよう、また地域にかたよりがないように選びました。自然への関心は採集から始まることがよくあります。そこで、水晶やフズリナ化石、火山豆石などの採集や、海辺の小石集めなどもコース紹介の中で取り上げました。

　はじめに、「はりまの大地はどのようにしてできたか」を読んでいただくと、播磨の大地の歩みが大まかにつかめます。また、「はりまの石を見分けよう」には、播磨で見ることのできる岩石の解説と写真を載せています。本書の中や実際の山歩きでわからない岩石が出てきたら、ここを参考にしてください。少しずつ見分けることができる岩石が増えればいいと思います。「ここには、どんな石が出ているのかな？」と、山を歩くときにちょっと石を見ることから始めてください。

▶本書を書くにあたっての調査は、2021年3月～8月に行いました。写真は、ほとんどがそのとき撮ったものを使用していますが、一部は過去のものを使用しています。

▶所要時間には、地質や地形を観察する時間もある程度ふくめています。

そのため、一般的なコースタイムよりかなり長くなっています。

▶地図は、スマートフォンのGPS機能と登山地図アプリの記録をもとに描いています。

▶地層名は、「5万分の1地質図幅」（「主な参考文献」参照）を基本にしています。ただし、付加された地質体に用いられるコンプレックスという用語は、まだ一般的にはなじみが薄いと思われるので使用していません。例えば「八千種コンプレックス」は、本書では「八千種層」と表しています。

▶紹介したコースは、登山道がはっきりしていてファミリーでも歩けるコースがほとんどです。ただ、急な岩盤を登るところや、すべりやすい岩場などもありますので、安全には十分に気をつけてください。

▶自分で見つけた水晶・フズリナ化石・火山豆石などは、少しだけで大切な宝物になると思います。採集は、次に来た人たちのために最小限にとどめてください。また、採集地を荒らさないようにすることも大切です。

▶岩石を調べるために岩をハンマーでたたくときは、できるだけ目立たないところを選んでください。山頂など人が休んでいるところの近くで、ガンガン音を立てるのもよくありません。文化財に指定されていたり、信仰の対象となっていたりする岩も多くあります。そのような岩は、絶対に傷つけてはいけません。マナーを守って、楽しく岩石に親しみましょう。

▶歩く山域がどのような地質からできているのかを知るには、以下のウェブサイトが便利です。

「20万分の1日本シームレス地質図V2」（産総研 地質調査総合センター）
　その山がどのような地質体にあるのか、大きくつかむことができます。

「5万分の1地質図幅」（産総研 地質調査総合センター）
　その山にどのような地層が分布しているのかわかります。解説書も読むことができます。

はりまの大地はどのようにしてできたか

　播磨の大地はどのように歩んできたのでしょうか。播磨の山々や平野には、壮大な大地形成の痕跡が残されています。

❶ 海の地層が付け加わった（1億4500万年前以前）

　かつて日本は、ユーラシア大陸の東端にくっついていました。日本の南の海の底では、中央海嶺で生まれた玄武岩の上に、放散虫というプランクトンの遺骸（いがい）や火山灰などが降り積もっていました。放散虫の遺骸が固まるとチャートという岩石になります。また、海山の周辺にはサンゴ礁ができて石灰岩になりました。

　これらの地層は、北上してきた海洋プレートが海溝から沈み込むときにその一部がはぎとられて、大陸から運び込まれた砂や泥とともに次々と大陸側に付け加わりました。このようにして付け加わった地層を**「付加体」**といいます。今から1億4500万年前頃のジュラ紀の終わりになると、これらの地層はプレートに押されながら隆起して陸地となりました。

　播磨の大地で見られる付加体は、時代や分布などから、舞鶴帯、超丹波帯、丹波帯に区分されています。舞鶴帯には、小さな大陸や海洋性島弧がふくまれていたと考えられています。

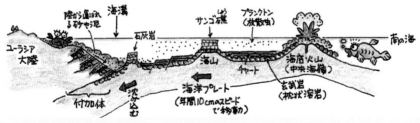

海の地層が付け加わった

❷ 白亜紀の終わり頃、激しい火山活動が起こった（9000万〜6500万年前）

　播磨の各地で大規模な火山活動が起こり、**火砕流**が発生しました。火砕流とは、噴出した火山灰や軽石などが、高温の火山ガスとともに高速で斜面を流れ下る現象です。

　1991年、長崎県雲仙普賢岳で火砕流が起こりましたが、これは山頂の溶岩ドー

ムが崩壊して起こったごく小さな火砕流
です。これとはちがって大規模な噴火で
は、高さ数kmまで上がった噴煙が崩れ落
ちて火砕流となり、火口から数十kmもの
距離を走りながら、谷を埋め尽くし、丘
を乗り越え、あたり一面を厚い火山灰や
軽石でおおってしまいます。

　このような噴火では、大量のマグマが
地表に噴出し、空洞になった地下に大地
が陥没して**カルデラ**ができます。このカ
ルデラも、続けて起こった火砕流で埋め
られていくのです。播磨の各地で見られ

激しいカルデラ噴火が起こった

る溶結凝灰岩は、このときの火砕流でできた岩石です。地下に残されたマグマは、
一部が周囲の地層に貫入し、やがて冷え固まって花崗岩になりました。
　カルデラの地形は、その後の隆起と侵食によって残されていません。しかし、
その痕跡が地層として大地に残されているのです。

❸ 古神戸湖ができた（3800万～3100万年前）

　古第三紀始新世の終わりから
漸新世の初め頃、今の神戸あた
りには湖や河川が広がっていま
した（古神戸湖）。このときでき
た地層を**神戸層群**といい、播磨
では三木市や加東市などで見ら
れます。
　神戸層群には、火山灰が固まっ
てできた凝灰岩の地層が何枚も
挟まれています。この時代は、
火山活動も盛んだったのです。

神戸層群が堆積した

❹ 日本海と日本列島ができた（3000万～1500万年前）

　今から3000万年前頃、ユーラシア大陸の東の縁に割れ目が入り、大地がそこ
から引きちぎられ始めます。その割れ目に2500万年前に海水が入りこみ日本海

のもととなりました。1500
万年前に日本海の拡大が止ま
り、日本列島が今の位置に定
まりました。

　日本海の拡大にともなって、
海底では火山活動が活発にな
りました。このとき生まれた
火山岩類は山陰海岸で見られ
ます。播磨にはこの時代の地
層はありません。播磨には、陸
地が広がっていました。

日本海が開き始めた

⑤ 山が高くなり、段丘や沖積平野ができた（260万年前〜）

　今から260万年前頃より新しい時代を第四紀といいます。第四紀は**氷河時代**
であり、氷期と間氷期が繰り返し訪れました。

　今の瀬戸内海あたりは、新第三紀鮮新世の終わり頃（300万年前頃）から沈
降をはじめていて、細長い湖ができていました。120万年前になると、ここに
海水が進入を始めます。その後、氷期と間氷期の繰り返しによる海面の昇降によっ
て、海が入ったり退いたりを繰り返し、やがて東から播磨平野まで海が進入する
ようになりました。この300万年前頃からできた地層を**大阪層群**といい、播磨
では明石市や小野市、三木市などで見られます。

　日本列島は、300万年前頃から東西に圧縮され、西日本でも山地が隆起を始
めました。六甲山地の上昇は100万年前ぐらいから本格化し、播磨の大地はそ
の影響を受けて東が隆起、西が沈降するという運動をするようになりました。

　加古川流域では、この大地の隆起と周期的な海水面の変動によって、河川や海
岸に沿って何段もの**段丘**がつくられました。一方、たつの市から西の海岸や家島
諸島では、大地の沈降によって複雑に入り込んだ海岸地形がつくられました。

　氷期には、寒冷な気候を反映した地形がつくられました。峰山高原や段ヶ峰周
辺などで見られる化石周氷河斜面や岩塊流などです。

　氷期には海面が下がったために、大地に深い谷が刻まれました。完新世（約1
万年前〜現在）に入ると、最後の氷期も終わり、海面は徐々に上昇していきまし
た。それによって、かつて谷だったところや河口付近に泥や砂や礫がたまりまし
た。これが**沖積層**です。海面の上昇は縄文時代の今から6000年前が最大で、海

2万年前頃（最終氷期）の姫路あたり

は今の平野部に進入していました。その後、海が退き沖積層は広い平野となったのです。（文中イラスト：田﨑正和）

播磨の地質（日本シームレス地質図V2（GSJ，AIST）を利用して作成）

氷ノ山安山岩溶岩
花崗岩類（舞鶴帯）
斑れい岩類（舞鶴帯）
白亜紀火砕流堆積物（安山岩質）
白亜紀火砕流堆積物
白亜紀花崗岩類
白亜紀火砕流堆積物
超丹波帯
舞鶴帯
白亜紀火砕流堆積物
流紋岩岩脈
白亜紀花崗岩類
沖積層
段丘堆積物
神戸層群
大阪層群

佐用
宍粟
神河
西脇
福崎
姫路
三木
加古川
赤穂
明石

はりまの地質形成史

年代 (100万年)	地質時代			主な地質	主な地史
0.01	新生代	第四紀	完新世	沖積層	・沖積低地ができる
			更新世	段丘堆積物	姫路平野
2.58				大阪層群	・周氷河地形ができる ・段丘ができる ・六甲変動が始まる （播磨は東が上がり西が下がる）
5.33		新第三紀	鮮新世		・大阪層群の堆積が始まる ・日本列島は強い東西圧縮の場に
23.0			中新世	屏風ヶ浦 砂岩・礫岩	・日本海が開き、日本列島が今の位置に
33.9		古第三紀	漸新世	神戸層群	・神戸層群の堆積が始まる
56.0			始新世		黒滝 凝灰岩
66.0			暁新世		
145	中生代	白亜紀		火砕流堆積物　花崗岩 流紋岩質　安山岩質 赤穂御崎 溶結凝灰岩	・花崗岩の貫入 ・播磨各地で大規模なカルデラ噴火 （溶結凝灰岩などの火砕流堆積物、 流紋岩溶岩）
201		ジュラ紀		丹波帯	・陸化し侵食の場に ・丹波帯が付加する 八丈岩山 チャート
252		三畳紀			
299	古生代	ペルム紀		舞鶴帯　超丹波帯	・舞鶴帯舞鶴層群が堆積する ・舞鶴帯夜久野岩類が形成される
359		石炭紀		斑れい岩	
419		デボン紀		花崗岩	
444		シルル紀			一山山頂 斑れい岩
485		オルドビス紀			飯野山城跡 頁岩
541		カンブリア紀			

日本列島の時代

大陸にくっついていた時代

11

1 比延山 （西脇市）
ひえやま

溶結凝灰岩
流紋岩
城跡

●所要時間／約2時間　●地形図／「比延」
●アクセス／電車…ＪＲ加古川線「比延」駅から徒歩20分
　　　　　　マイカー…城山公園に駐車場

流紋岩の岩脈がつくる山

西脇市
比延町

Stop3 大岩盤

286.9

Stop2
比延山北峰

中間点●173

Stop1
あと400m地点

比延山南峰
（比延山城跡）

ここから上が
流紋岩

P

城山公園
グラウンド

登山口
START
GOAL

道に溶結凝灰岩が
現れ始める

鹿野町

比延谷川

100m

200
250
150
100

N

南から見る比延山

Stop1あと400m地点の溶結凝灰岩の露頭

　比延山は、標高が300mにも満たない低山ながら、整った山容で加古川の左岸にそびえています。比延山の細長い山頂部は、中世の城跡。急峻な山頂部の下は、山麓へ向かってゆるく斜面が下っています。比延山はなぜ山になったのでしょうか。そんなことを考えながら、登ってみましょう。

　城山公園グラウンド南の登山口には、「頂上まで700m」の標識が立っています。そこから、雑木林の中に落ち葉の積もった細い道が延びています。ゆるかった道の傾斜が少し急になってくると、道の下に岩盤が現れます。ここに分布しているのは、白亜紀後期の鴨川層。大規模なカルデラ噴火によってつくられた地層です。カルデラの地形は、侵食されて残っていません。火砕流によってカルデラの内部に堆積した溶結凝灰岩が、今の地表に現れているのです。「あと400m」の標識が立つところに、溶結凝灰岩の露頭があります

山はなぜできるのか

　日本のようなところで、山はなぜできるのでしょうか。一言でいえば、それはプレートが押し合っているからです。日本列島は、沈み込む太平洋プレートやフィリピン海プレートによって押され続け、その力で大地が隆起したところが山地となります。このとき、六甲山のように断層によって山が生まれることもあります。火山は、マグマが噴出して山となりますが、このマグマが発生するのも海のプレートが日本列島の下に沈み込んでいることが原因をつくっています。一方、大地は隆起しても侵食によってどんどん削られていきます。比延山で見たように、侵食のされ方が一つひとつの山の形をつくっているといえます。

Stop1。岩石は、長石と石英の結晶と、軽石や泥岩などの岩石片をふくんでいます。軽石は熱と重さで押しつぶされてレンズ状になっています。これが溶結凝灰岩の特徴です。ふくまれている泥岩は火山噴火のと

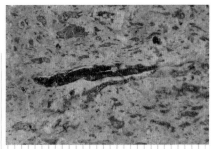
Stop1の溶結凝灰岩を拡大。押しつぶされた軽石のレンズが同じ方向に並んでいる（横16㎜）

比延山南峰。「比延山城跡」と「ひょうごの景観ビューポイント150選」の石碑が並ぶ

き、周囲の岩石がバラバラに壊されて火砕流にふくまれたものですが、これも細くなってレンズ状の軽石と同じ方向に並んでいます。

道には、「あと○○m」の標識が続き、急なところにはロープが張られています。ていねいに登山路のつくられた比延山は、地元の人たちに愛されている山なのです。中間点を過ぎ、「あと250m」を過ぎると傾斜はさらに急になります。ウバメガシが多くなり、春は岩間にシハイスミレ、夏なら道の脇にノギランが咲

いています。

「あと100m」の少し手前で、流紋岩が現れます。比延山は、標高230mより上が流紋岩なのです。岩場の続く急な道を、ロープを握って登っていきます。流紋岩は硬くて、ハンマーでたたくと薄暗い林の中に火花が飛びました。

急坂を登り切ると、南峰に達します。ここは、比延山城の主郭があったところで「比延山城跡」の石柱が立っています。その横には、「ひょうごの景観ビューポイント150選」の新しい石碑。石碑の背後には、加古川の流れる沖積平野に田んぼや街並みが広がっています。

南峰から階段状につくられた曲輪(くるわ)跡を下り、ゆるく登り返すと三角点のある北峰(286.9m)に出ます。

Stop2 比延山北峰の流紋岩。流理に沿って板状節理が発達している

比延山北峰の流紋岩に
見られる流理

Stop3 北峰の西の大岩盤（流紋岩）

比延山北峰の流紋岩に見られる球顆

大きく展望が開け、笠形山、飯森山、千ヶ峰、篠ヶ峰、手前の三角点山を挟んで、白山、妙見山と、播磨や丹波の高峰がぐるりと稜線を連ねています。

　北峰には、大きな岩が斜めになって飛び出しています Stop2 。岩は細かい縞模様が入った流紋岩です。縞模様は、マグマが流れ動いた跡を示す流理。この流理に沿って板状節理が発達し、岩が平らに割れています。平らに割れた節理面には、数mm〜1cmほどの球顆も見られます。

　北峰の西側は、大きな岩盤が急角度で下っています Stop3 。山頂のような割れ目は見られませんが、

流理が観察できるところがあり、この岩盤全体も流紋岩であることがわかります。下山は、来た道を下ります。

　さて、比延山がなぜ山になったのかを考えましょう。山麓の鴨川層の地層（溶結凝灰岩）は南へゆるく傾いています。それに対して、山頂部の流紋岩の流理面は急角度で立っています。このことから、流紋岩は溶岩として地表を流れたものではなくて、溶結凝灰岩の割れ目に貫入した岩脈だと考えられます。流紋岩は、周囲の地層より硬くて侵食されにくいので、山として地表に高く突き出ているのです。

比延山北峰から北西を望む。遠くに笠形山、飯森山、千ヶ峰が並んでいる

神戸層群
凝灰岩
東光寺

●所要時間／約4時間　●地形図／「三田」
●アクセス／電車＆バス…JR宝塚線「三田」駅・神鉄三田線「三田」駅から
　　　　　　神姫バス社町駅方面行きで「二瀬川」下車
　　　　　　マイカー…「山田錦の館」駐車場（黒滝まで徒歩10分）

神戸層群の丘陵を巡る
地質と歴史の道

Stop1 黒滝

黒滝上部の凝灰岩（粒の大きさの違いによってできる級化層理が見られる）

　日本がまだユーラシア大陸の東端にくっついていた3500万年前頃、今の神戸付近に「古神戸湖」と名づけられている大きな湖がありました。この湖に堆積した地層は「神戸層群」と呼ばれ、淡路島北部、神戸市西部、三田盆地などに分布し、播磨では三木市などで見ることができます。

　三木市の名勝、黒滝から神戸層群の丘陵を巡る地質と歴史の道を紹介します。

　若宮橋から、美嚢川（みのうがわ）の川岸に下ります。遊歩道を上流へ進むと、スイセンや地元の小学生たちが植えた草花の先に黒滝が現れます **Stop1**。

　川底の平らな岩盤が滝のところで直線状に切れ落ち、そこをすだれのように水が流れ落ちています。落差4m、幅30m。川幅いっぱいに広がる滝は珍しく、見事な景観です。

　滝をつくっている地層を観察してみましょう。滝の上部は、径1mmほどの粒が集まってできたやや硬い凝灰岩の地層です。粒は石英・長石・黒雲母などの結晶で、チャートなどの岩石片もふくまれています。何層も重なっていますが、一枚の層の上には、軽石がたくさん見られます。滝の下部は、細粒の凝灰岩の地層と泥岩の地層が重なっています。

　この地層は滝周辺に広がり、地層面に平行な節理（割れ目）と、地層面に垂直な節理が発達しています。黒滝は、地層面に垂直な節理に沿って割れ落ちたところにかかっています。

　神戸層群には、このような凝灰岩の地層がいくつも挟まれています。凝灰岩は火山灰が固まってできた岩石です。湖や河川の周辺に砂や礫が堆積していた頃、近くで何度も火山の噴火があったのです。

　さて、黒滝から先に進みましょう。車道を東へ進み、毘沙門堂から集落内の道を登っていくと歓喜院聖天堂（かんきいんしょうてんどう）（国重要文化財）があります。覆い（おお）

凝灰岩の地層面に見られる軽石

黒滝の地層を横から見る

屋の中に、室町時代初期（1411）に建立された朱塗りの優雅な建物が見られます。

本堂の裏には、礫岩の地層を見ることができます Stop2。礫は丸い形をした円礫で、大きさは数mm〜数cm。礫の種類は、チャートや凝灰岩や流紋岩などさまざまです。粒の大きな礫は、砂や泥より沈みやすく川原や河口近くに堆積します。神戸層群の礫岩の地層は網状に広がる河川に堆積したと考えられています。

丘陵地に続く赤松街道を進みます。赤松街道は、播磨と摂津を結ぶ中世からの主要道でした。朽ちかけた小さな石仏が道の脇に立っています。春には、シャガやムラサキケマンが咲いています。やがて道は、中国自動車道の赤松パーキングエリア

にぶつかります。かつては、ここに赤松峠がありました。

中国自動車道の下をくぐり、側道を北西に進むと東光寺があります。東光寺は、奈良時代、行基（ぎょうき）による開創とされている寺院です。境内には、室町時代中期建立の本堂（国重要文化財）や多宝塔が立ち、春には桜、秋には紅葉に彩られます。

Stop2 歓喜院本堂裏の礫岩層（凝灰岩層を挟んでいる）

赤松街道の石仏

東光寺（正面が本堂）

稚子ヶ墓山　　　　　帝釈山　　　丹生山

神戸層群からできている丘陵

Stop3 蓮光院付近から南を望む

　中国自動車道の上に架かる歩道橋を渡って西へ進みます。車止めのある地点から車道に出るまでは、雑木の中に道がついていて、野鳥の声が聞こえてきます。

　蓮光院（れんこういん）の近くから、南が開けて見えます Stop3 。美嚢川の向こうに

赤松街道

丘陵地が広がり、その先に稚子ヶ墓山、帝釈山、丹生山と続く帝釈山地の山並みが稜線をつないでいます。ここから集落の道を下っていくと、この山歩きもそろそろ終わりです。

帝釈山地の山々

　帝釈山地は、神戸層群の地層を一部に乗せながらも神戸層群の分布域を南北に分断しています。帝釈山地は、神戸層群の地層の堆積した時代よりもっと後の時代に隆起したのです。

3 雄岡山・雌岡山（神戸市）
おっこさん　めっこさん

● 所要時間／約4時間　● 地形図／「淡河」「三木」
● アクセス／電車＆バス…往＝神電粟生線「緑が丘」駅から徒歩10分
　　　　　　　　復＝山麓のバス停からJR神戸線「明石」駅などに
　マイカー…雌岡山登山口（金棒池側）に駐車場

広がる「いなみの台地」を遠望

南東より望む雄岡山

雄岡山（241.2m）と雌岡山（249m）は、「いなみの台地（印南野台地）」に並んで立っています。

いなみの台地は、第四紀の大阪層群や段丘堆積物でできていますが、雄岡山と雌岡山はそれよりずっと古いジュラ紀に付加した丹波帯の地層でできています。

高雄台の奥に雄岡山の登山口があります。春には、オオイヌノフグリやヒメオドリコソウなどの野の花がハイカーを迎えてくれます。山に一歩入れば、アベマキの若葉がみずみずしく、カクレミノの葉も陽光を透かしています。

分岐で進路を西へ変え、木の根道を登っていきます。道にときどき現れている角張った石は、チャートか硬い砂岩（珪質砂岩）。その周りを、頁岩（けつがん）が風化してできた土が埋めています。

山頂には、堂々一等三角点があります。古い三角点も掘り起こされて

拍子ヶ池（ひょうしがいけ）より望む雌岡山

石の祠の横に立っています。公園のような広い山頂からは、南に展望が開けています **Stop1**。

明石川の流れる沖積平野を挟んで東に西神丘陵、西にいなみの台地が広がっています。いなみの台地は、このあたりを起点にして南西方向に階段状に下がっています。この地形は、持続的に隆起する大地と、氷河時代の周期的な海退と海進の繰り返しによってできた海成段丘です。地形にも大地の壮大な物語が秘められ

雄岡山への登山道

淡路島　　　播磨灘
西神丘陵
沖積低地
明石川
いなみの台地

Stop1 雄岡山からいなみの台地を遠望する

水晶の採集

　よく晴れた日は、水晶の結晶面が陽の光を反射してキラッと光ります。谷の砂を、いろいろな角度から見て、このキラッを見つけるのがコツです。雄岡山の水晶谷は狭くて急なので、安全には十分に気をつけて採集してください。

Stop2 水晶谷（両側はチャートの地層）

ています（**下図**）。

　山頂を南に下ると、水晶谷と呼ばれている急傾斜の谷があります **Stop2**。水晶谷の上部はチャートが現れていて、岩の間の砂の中から水晶を見つけることができます。

　山頂へ戻り、雄岡山を西へ下って、雌岡山に向かいます。雄岡山と雌岡山は、明石川水系と加古川水系の分水嶺をつくっています。分水嶺は、二つの丘の間では、道の南の小高い住宅街の中を通っています。

　雌岡山へは、梅林と桜並木の間の舗装路を登っていきます。牧場から牛の声が聞こえます。梅の木の間から、明石海峡大橋も見えてきます。

　やがて、道の両側はクリやコナラやアベマキの林になります。カゴノ

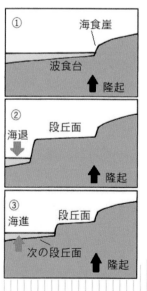

図　海成段丘のでき方

①波のはたらきで、海食崖と波食台ができる。
②氷期の海退によって、以前の波食台が陸地化し段丘面となる。
③間氷期になると海進が起こるが、大地が隆起し続けているので海水は以前の波食台（段丘面）まで届かない。その下に新しい波食台をつくり、これが次の海退

で新しい段丘面となる。（一度の海退と海進で、段丘が一段できる。）

水晶谷で採集した水晶（一番大きい水晶の長さ15mm）

雌岡山への道

雌岡山山頂

キのまだら模様の木肌が目立ちます。頁岩が風化してできた赤っぽい土から、硬い石が飛び出していました。これは、頁岩に挟みこまれていた珪質砂岩です。

　桜の木に囲まれた広場を過ぎると、雌岡山の山頂です。山頂には、

Stop3 チャートの地層

神出神社の社殿が立っています。ここは、神戸市西区で一番高い地点。「標高、249mや」と、毎朝登山の人に教えてもらいました。

　雌岡山の山頂から南西に下ります。赤い鳥居が並んだところが吉高大明神。祠を囲む大きな岩は、硬い暗灰色の砂岩です。車道に出る手前の分岐を左に進みます。少し下ると、角張ったレンガ色の小石が道を埋めるようになります。地層が、再びチャートに変わったのです **Stop3**。チャートの色は、黒やオレンジや白などです。不規則な割れ目がたくさんあって、その割れ目に酸化鉄が集まっています。小石がレンガ色をしているのは、この酸化鉄のためです。山を下りたところに、「日本標準時子午線標示柱」が立っています。

海食崖
海浜植物
赤石のいわれ

●所要時間／約3時間　●地形図／「東二見」「明石」
●アクセス／電車…山電「江井ヶ島」駅から徒歩10分
　　　　　　マイカー…江井島海岸休憩施設駐車場(有料)

海風に吹かれ、明石原人・アカシゾウ発見の地を歩く

START 江井ヶ島駅
P
山陽新幹線
250
JR神戸線
2
N

Stop1
江井島海岸
休憩施設 展望テラス

明石原人
発見地

Stop3 アカシゾウ発見地

●八木遺跡公園

Stop2
小石の海岸

屏風ヶ浦

長光寺

極楽橋

藤江駅

西明石駅

海浜植物

山陽電鉄

松江海岸休憩施設 展望テラス
P
林崎松江海岸駅
GOAL

赤石のいわれ

500m

Stop1 スタート地点から見る屏風ヶ浦と瀬戸内海。遊歩道の左に海食崖が続く

「明石原人」発見地

明石市江井ヶ島から林崎にかけての海岸は高さ10mを越す断崖が続いていて、その姿から屏風ヶ浦と呼ばれています。

山電「江井ヶ島」駅から海に向かって10分ほど歩くと、江井島海岸休憩施設です。展望テラスに立つと、屏風ヶ浦が一望できます **Stop1** 。明石海峡大橋に向かって続く断崖は、波によって削られた海食崖です。海岸線のこれ以上の後退を防ぐために、海食崖にはコンクリートが張られています。海側には人工の砂浜が広がっていて、砂が流出しないように突堤がいくつもつくられています。

海岸に沿った遊歩道を東へ進みます。青い海と青い空、その間の白い雲。花崗岩でつくられた突堤の石組みはオレンジ色です。砂に打ち上げられた海藻からは、磯のにおい。ジョギングやウォーキングの人たちとすれ違います。

「明石原人」発見地には、金網に説明板が掛けられています。1931年、直良信夫(なおらのぶお)は海食崖の下の崩落した土の中からヒトの腰骨を発見しました。当時は、地層が露出していて嵐のたびに崩れ落ちていたのです。直良の発見した人骨は、地層ができたときのものか、現代人のものか、論争を巻き起こしました。地層は、後期更新世の西八木層（12万〜5万年前）。空襲によって標本が焼失した

明石市立文化博物館

明石市立文化博物館には、「明石原人」の腰骨のレプリカや「アカシゾウ」の全身骨格標本が展示されています。「明石原人」では、発見された当時の西八木海岸の写真、1985年の大規模な発掘調査のようすなどの展示があります。「アカシゾウ」の骨格標本は、ゾウとしては小型ながら、大きな頭骨、長くて立派な牙、長い胴に短い足という姿で、迫力十分です。

遊歩道を歩く。海食崖は高さ10mを越えている

Stop2 海岸に広がる小石。砂岩が一番多い

ため、確かなことはこれからもずっとわからないのかもしれません。「明石原人」論争の舞台となった発見地は、波に侵食されて今は海の中です。そこには、直良の情熱や夢、希望や失意が眠っているのです。

　少し進むと、道から海辺へ下りられるところがあります。ここには、波に打ち上げられた大きさ1cmの小石が広がっています Stop2 。砂岩が一番多くて、これに泥岩、チャート、凝灰岩、流紋岩などがまじっています。

　道に戻ると、今度は「アカシゾウ」の発見地があります Stop3 。記念碑に、発見当時のようすが記されています。発見したのは中学生。1960年にゾウの牙を発見してから6年間一人で掘り続け、ゾウの歯や骨を次々と採集しました。アカシゾウ

が発見されたのは、大阪層群明石累層（るい）の約100万年前の地層。アカシゾウ（そう）は、金沢で発見されていたアケボノゾウと同じ種類であることが後にわかり、今ではアケボノゾウが正式な名前となっています。

　八木遺跡公園の石段を登ると、海食崖の上に出ることができます。そこには広い公園があり、平坦な面が住宅地に広がっています。西八木面と呼ばれている海成段丘面です。最

Stop3「アカシゾウ」発見地

海成段丘の上（八木遺跡公園）

長光寺下の大阪層群明石累層の地層
（2007年4月撮影）

終間氷期（13万〜7万年前）の暖か
い時代、波食台に堆積した地層が、
その後隆起して地表に現れました。

　長光寺は海成段丘面に建てられて
いますが、かつてはその下に地層が
見えていました。大阪層群明石累層
の地層です。礫や砂や泥の層が繰り
返して堆積しているようすが観察で
きたのですが、今はコンクリートに
おおわれています。

　極楽橋を渡ると、海浜植物の保護
地があります。ここまでもハマボウ
フウやハマヒルガオ、コウボウシバ
などが見られました。ここでは、ハ
マエンドウやコウボウムギも見られ
ます。

　明石の市街地が近づくと、遊歩道
に観光客の姿も見え始めます。松江
海岸休憩施設の展望テラスの下に、
「赤石のいわれ」の案内板が立って
います。「あかし」の地名は、大潮
の引き潮のときだけに見える海底の
赤い石から名付けられたとありま

コウボウムギの群落

「赤石のいわれ」モニュメント（円内：一部
を拡大。緑色はアンチゴライト、白色は霰石
〈あられいし〉）

す。案内板の下には、赤く酸化した
蛇紋岩がモニュメントして置かれて
います。

　ここから10分ほど歩けば、山電「林
崎松江海岸」駅です。

高峰神社から愛宕山（加西市）

たかみねじんじゃ　　あたごやま

丹波帯
チャート
ゆるぎ岩

- ●所要時間／約4時間　●地形図／「北条」
- ●アクセス／電車＆バス…JR「姫路」駅から神姫バス北条営業所行きで「畑」下車、徒歩10分または、
  JR播但線「福崎」駅から徒歩75分、あるいは北条鉄道「北条町」駅から徒歩50分
  マイカー…高峰神社手前の登山口に駐車場

岩が動く！チャートがつくる岩の名所

N

開 河上神社
Stop1 鏡岩

分岐　　頁岩の地層

鳥居　分岐

Stop2 ゆるぎ岩

奥池

愛宕山

石組み水路

300

分岐

337mピーク

↑　開 高峰神社

150

250

200

START
GOAL　P

↓

行者岩　　畑町分岐

畑町

Stop3 タタミ岩

100m

Stop1 鏡岩（チャート）

押せば動く?! 信じられないような巨岩が加西市の「ゆるぎ岩」です。この岩の周辺は、「畑町　歴史の森」として整備されていて、他にもおもしろい岩に出会うことができます。

高峰神社から出発します。境内に小さな露頭があって、黄土色に風化してペラペラと割れ落ちる頁岩（けつがん）が見られます。このあたりには、丹波帯の若井層が分布しています。ジュラ紀に付加した地層です。歴史の森は、おもにこの頁岩でできていますが、その中にチャートや砂岩の地層が挟まれています。

遊歩道を進むと、石組みの水路がウォータースライダーのような曲線を描いて谷へと下っています。

木の間に見える奥池は、緑色の水面です。やがて、左手に赤い鳥居が見えます。この鳥居をくぐって参道を行くと、河上神社があります。こ

頁岩の地層

こに横たわっているのが、「鏡岩」です　**Stop1**　。岩に木漏れ日が射し込み、あちこちがキラキラ光っています。鏡岩はチャートでできています。光っているのは、岩の表面にできた小さな水晶。案内板に、「キラキラ光っている部分に顔を近づけると、雲や樹木が映って見えます」とあります。小さな水晶の“鏡”に空の青は映りますが、そこに雲や樹木

文化財は大切に

鏡岩の水晶は、この岩に張り付いていてこそ価値があります。ハンマーでたたいたりして採集することは絶対に止めましょう。「鏡岩」と「ゆるぎ岩」は、兵庫県の地質レッドデータのBランクに指定されています。また、「ゆるぎ岩」は、加西市の天然記念物に指定されています。大切に保存し、後世に残さなければなりません。

鏡岩の水晶（カメラの前にルーペを置いて撮影）

Stop2 ゆるぎ岩（チャート）

を見るのはなかなか大変です。

　参道を途中まで戻って、「ゆるぎ岩」をめざします。ゆるぎ岩への分岐の先に、頁岩の地層がきれいに現れています。地層が頁岩からチャートに変わったところに、「ゆるぎ岩」が立っていました **Stop2** 。その昔、法道仙人が「善人が押せば動き、悪人が押してもびくともしない」と言ったと伝えられています。

　おそるおそる押してみても動きません。後ろの大岩に足をかけて、渾身の力で押すと…ゆっさゆっさと本当に揺れました。よかった…とほっとしましたが、古くからずっとこんな絶妙なバランスで立っていることに驚きます。この岩が動くことに初めて気づいた人もすごい！

　分岐に戻り、愛宕山の山頂をめざ

します。道は、頁岩が風化してできた黄土色の砂礫におおわれています。ところどころに、頁岩よりずっと硬いチャートや砂岩が、顔を出しています。

　急な傾斜の丸太階段を登ると尾根に出ます。そこからひと登りすると、愛宕山の山頂（320m）に達します。山頂には、ベンチがひとつ。春にはヤマツツジが赤い花をつけていま

ゆるぎ岩の表面（チャート）

愛宕山への登山路

愛宕山山頂からの展望（左に深山、右に笠形
山を望む）

す。北に、電波塔を乗せた深山が近く、その右に遠く笠形山が見えます。ここより高い337mピークまではすぐです。新しく道もつくられているので、登ってみましょう。

　愛宕山に戻り、南西に延びる尾根を下ります。次の分岐を左に進みます。くるぶしまで落ち葉に埋まるふわふわの道です。道は、少しずつ細くなっていきます。畑町分岐を右にとって下ると、「タタミ岩」に出ます **Stop3** 。

　「タタミ岩」は、チャートでできた広い一枚岩です。「タタミ岩」のチャートは層状チャートで、ゆるく湾曲した地層面が地表に現れています。今立っている岩の上は、今から2億年前のジュラ紀、南の海の海底だったのです。

　タタミ岩から下ると、「遍路のこみち」に合流します。そこには「行

Stop3 タタミ岩（層状チャート）

者岩」があります。これもチャートの巨岩です。岩の上から太いクサリが下がっています。危険なので使用禁止ですが、かつては修行の場だったのかもしれません。

　八十八カ所の石仏たちに見送られながら、コバノミツバツツジの咲く道を下ると高峰神社に戻ります。

6 加西アルプス (加西市)

<ruby>加西<rt>か さい</rt></ruby>

流紋岩
長石
古法華寺

- 所要時間／約5時間 ●地形図／「笠原」
- アクセス／電車…北条鉄道「播磨下里」駅から徒歩10分
  マイカー…善防公民館に駐車場

善防山から笠松山へ、岩稜を歩く

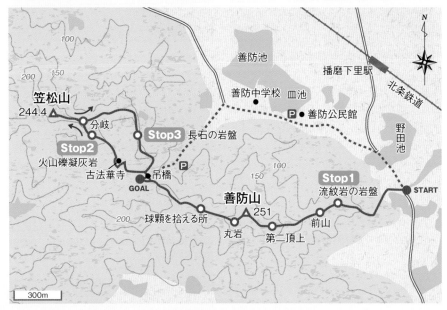

- 善防池
- 播磨下里駅
- 北条鉄道
- 善防中学校　皿池
- P 善防公民館
- 野田池
- 笠松山 244.4
- 分岐
- Stop3 長石の岩盤
- Stop2
- 火山礫凝灰岩
- 古法華寺
- GOAL
- 吊橋
- P
- START
- Stop1 流紋岩の岩盤
- 善防山 251
- 球顆を拾える所
- 丸岩
- 第二頂上
- 前山
- 300m

善防山を野田池より望む

笠松山と石切場の白い岩壁（播磨下里駅近くより）

善防山（251m）と笠松山（244.4m）
は、加西市の南に広がる法華山地を
代表する二山です。どちらの山も岩
におおわれた稜線は起伏に富んでい
て、縦走コースは「加西アルプス」
と呼ばれています。

交差点「下里小学校北」に、善防
山の本丸登山口があります。広い道
は傾斜が増すと細くなり、雑木林を
抜けると岩盤に出ます。岩盤を登る
と、そのまま主尾根の端 **Stop1**
に達します。目の前に善防山の頂上
がそびえ、ふもとの中学校のグラウ
ンドからは生徒たちの元気な声が聞
こえてきます。岩盤は、大きさが数
cmからソフトボール大の球顆をふ

Stop1 流紋岩の岩盤。ソフトボール大の球顆や
自破砕構造によるブロック化で起伏に富んでいる

くんだ流紋岩です。また自破砕構造
によってブロック化し、流理がいろ
いろな方向を向いています。岩盤は
凹凸に富んでいて、急傾斜でも滑る
心配がありません（球顆と自破砕構
造については、「7 小野アルプス」
39ページ参照）。

ここから岩稜が続きます。アカマ
ツやネズミサシ、コナラなどが岩間
に生え、秋にはリュウノウギクの白
い花があちこちに群れ咲きます。急
なクサリ場を越し、雑木林を抜ける
と石組みの残る曲輪跡（第二頂上）
に達します。少し下って登り返した
ところが善防山の山頂です。ここは、
貞和2年（1346）赤松範資によって
築かれた善防山城の一の曲輪跡。平
らな地面に、いくつかの大きな岩が
丸く顔を出し、コナラの大樹が立っ
ています。見晴らしも良く、木陰に
休めば真夏でも涼しい山頂です。

山頂は、もう流紋岩ではありませ
ん。第二頂上の先から、火山礫凝灰
岩に変わっているのです。火山礫凝

岩間に咲くリュウノウギク

灰岩には、角張った流紋岩のほか、泥岩やチャートなどの岩石片がふくまれています。流紋岩も火山礫凝灰岩も、白亜紀後期の大規模なカルデラ噴火によって生まれたものです。

　山頂を西へ下った丸岩からは、笠松山の岩尾根と石切場の白い岩肌が見えます。丸岩を下ると再び流紋岩になります。1cmほどの球顆が、風化した流紋岩から道に転がり出ているところがありました。その先には、泥岩と淡緑色の凝灰岩がくり返し現れます。そこを過ぎると、また火山礫凝灰岩。地層の堆積のようすから、ここでは流紋岩溶岩の上に泥岩と凝灰岩の互層を挟んで、火山礫凝灰岩

が堆積しているようです。

　吊橋を渡り、クサリのかかった大きな岩を乗り越えて車道に下ります。古法華寺の参道に並ぶ石仏は、どれも素朴で愛嬌があります。境内で休憩したあと、お寺のうしろから笠松山を目指します。岩場の続く登山路を登っていくと、笠松山の鋭鋒が少しずつ迫ってきます。岩石は、火山岩塊（径64mm以上）や火山礫（径2〜64mm）をふくんだ淡緑色の火山礫凝灰岩 **Stop2**。クサリ場を越し、岩を縫って登り詰めると、展望台のある笠松山山頂に達します。ここまで比較的軟らかい火山礫凝灰岩が続いていましたが、山頂だけは強く溶結した硬い凝灰岩です。石英と長石の結晶を多く含み、基質はガラス質で緻密です。

　展望台に上れば、360度ぐるりと展望が開けます。北から東には平野

善防山山頂

流紋岩に見られる球顆（円内：採集した球顆。大きさはどれも1cm程度）

Stop2 笠松山山頂近くの火山礫凝灰岩。節理が少なくタマネギ状に風化している

善防山と笠松山をつなぐ吊橋

笠松山山頂展望台からの光景

Stop3
石切場上の尾根で採集した長石
（横8.4cm）

はりまに石造文化をひらいた長石（おさいし）

　長石は、弱溶結の軽石凝灰岩です。淡緑色の火山灰中に、多くの軽石がふくまれています。火山灰や軽石をつくる火山ガラスが粘土鉱物に変質していることが多く、軟らかく加工しやすい岩石です。また、冷却節理による割れ目がほとんどないのも石材としてすぐれた点です。古代から石棺や石仏などに利用され、現在でも播磨の各地で石垣の石として見ることができます。

や丘陵が大きく広がり、西や南には法華山地の峰々が鋭く起伏しています。善防山の左に六甲山系がかすみ、家島諸島の背後に小豆島の島影も見えます。

　来た道を下り、最初の分岐を左にとって小さなピークを巡ります。尾根の下は石切場。ここで採掘された石は、長石（おさいし）と呼ばれ、古くから播磨の石造文化を支えてきました。尾根に広がる岩盤も、この長石です Stop3 。

　吊橋を再び渡り、右へ下ると車道へ出ます。ここから徒歩で、善防公民館駐車場まで15分、北条鉄道「播磨下里」駅まで25分です。

7 小野アルプス（小野市・加古川市）

おの

流紋岩
流理
球顆

● 所要時間／約4時間　● 地形図／「三木」「社」
● アクセス／電車…JR加古川線「小野町」駅から徒歩30分
　　　　　　マイカー…鴨池駐車場（小野市立鴨池休憩所に登山マップあり）

「日本一低いアルプス」の稜線歩き

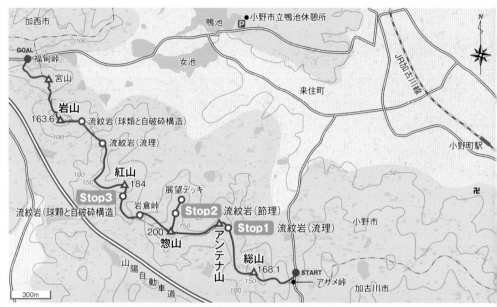

加西市
鴨池
小野市立鴨池休憩所
P
女池
GOAL 福甸峠
宮山
岩山
163.6
流紋岩（球類と自破砕構造）
流紋岩（流理）
来住町
JR加古川線
小野町駅
紅山 184
展望デッキ
Stop3
岩倉峠
Stop2
流紋岩（節理）
流紋岩（球顆と自破砕構造）
200
惣山
Stop1
流紋岩（流理）
小野市
アンテナ山
総山 168.1
山陽自動車道
START
アザメ峠
加古川市
300m

Stop3 紅山を見上げる

小野市と加古川市の境界に連なる小野アルプスは、「日本一低いアルプス」とハイカーに親しまれています。東西約5kmに及ぶ全コースのうち、岩と地層を楽しめる西側半分を歩いてみましょう。

鴨池駐車場から40分ほど歩いたアザメ峠が登山口です。雑木林の中に歩きこまれた登山道が延びています。急な坂を登り切って傾斜がゆるくなったところが一つ目のピーク、惣山（168.1m）です。

コルまで下り、次のアンテナ山をめざして登り返します。すると、登山道に流紋岩が現れ始めます。小野アルプスに分布しているのは、白亜紀後期の宝殿層。流紋岩は、このコースの最後まで続きます。

もう少し登ると登山道に岩盤が連続するので、そこで流紋岩を観察してみましょう **Stop1**。岩の表面に、数mm幅の縞模様が見られます。これは、マグマが冷えるときに流動

Stop1 流紋岩の流理。
ボールペンを置いているのが流理面

流紋岩のいろいろなつくり

流紋岩は火山岩の一種。マグマが、地表あるいは地表近くで急に冷え固まった岩石です。流紋岩をつくるマグマは粘り気が強く、「流理」や「球顆」や「自破砕構造」はそのためにできやすいのです。

した跡で、「流理（りゅうり）」といいます。流理面の傾斜を測ってみると、ゆるくなったり急になったりと、さまざまに変化します。このことから、流紋岩をつくったマグマは、溶岩として地表を流れただけではなく、岩脈と

惣山山頂

新緑のコナラ林

Stop2 流紋岩の節理

して貫入したところもあると思われます。

この岩を登り切ると、アンテナ山の山頂です。ここからゆるく下り、登り返します。春にはモチツツジのピンクの花に包まれるところです。急坂に張られたロープをつかみながら登ると、惣山（200m）の山頂、小野アルプスの最高点に達します。

ここから、北の支尾根につくられた展望デッキに向かいましょう。途中に、大きな岩盤があります **Stop2** 。この地点の流紋岩には、大きな割れ目が縦に入っています。これは、マグマが冷え固まるときにできた冷却節理です。割れた面をよく見ると、横に細かい流理が見られます。流理に沿って節理（割れ目）ができることもありますが、ここで

はそれとはちがう方向に節理が入っています。

展望デッキから四方に広がる景色を楽しんだあと、惣山の山頂に戻り、そこから急な階段を下ります。あたりは、みずみずしい緑が広がるコナラ林。荒々しい岩盤との対比が、小野アルプスの魅力です。オオルリやキビタキの声も聞こえてきます。

岩倉峠から木々を抜けて登ってい

流紋岩の球顆（きゅうか）

流紋岩の自破砕構造（ボールペン方向の流理を示す破片と鉛筆方向の流理を示す破片が接している）

複雑に曲がる流理

オレンジ色のダイダイゴケと赤い流紋岩

岩山の自破砕構造を示す流紋岩

くと、そり立つ大きな一枚岩が現れます。紅山（184m）です Stop3 。岩は、いろいろな色の地衣類におおわれています。その中で、ダイダイゴケの仲間のオレンジ色が目立ちます。紅山の名前はここからついたのかもしれませんが、流紋岩自体にもオレンジ色や赤色の部分があります。

　岩の上には青い空。さあ、天空に向かって登りましょう。このあたりの流紋岩には、ソフトボール大の「球顆」がたくさん入っています。球顆は、マグマが冷えるときに微細な鉱物が球状に集まってできたものです。岩の表面は、球顆が飛び出したり抜け落ちたりして凹凸に富んで

います。傾斜は上ほど急になりますが、この凹凸を足掛かりにして登ることができます。あちらこちらを向いた流紋岩の破片が集まった「自破砕構造」も見られます。これは、マグマの一部が固まったあとに、まだ固まっていない他の部分に押されて壊れ、それらの破片が集まってできたつくりです。

　足元のシダやササを分けるように紅山を下るとあと少しです。流理が複雑に曲がっているところがあります。岩山（163.6m）山頂の手前には、自破砕構造の流紋岩が広がっています。古い山頂プレートがひっそりと掛かっている宮山を越えると、福甸峠です。

8 大藤山 (加古川市)

おおふじさん

花崗岩
コアストーン
長楽寺

● 所要時間／約4時間　● 地形図／「加古川」「笠原」
● アクセス／電車＆バス…JR神戸線「宝殿」駅から神姫バス西牧行きで「長楽園」下車
　マイカー…長楽寺に参拝者用駐車場

山の中に花崗岩の風景を見つける

大藤山 ▲ 250.7

蛇が池へ

Stop3

石仏

東ルート

西ルート

あたご山

Stop2　岩の"おしくらまんじゅう"

上ノ山

前山

不動明王

Stop1

丸い花崗岩

登山道入口

石碑

START GOAL 卍 長楽寺

ダンべ池

皿池

志方町永室

100m

早春の大藤山

大藤山（250.7m）は、加古川河口に広がる沖積平野の北におだやかな姿で稜線を広げています。山全体が自然林におおわれ、春先には瑞々しい若葉の色に染まります。

大藤山は、花崗岩でできています。登山道に一歩入れば、花崗岩の山らしい地形や風景が見られます。

長楽寺（案内板の後ろに本堂があった。後ろの谷は、砂防工事が行われている）

はじめに、スタート地点の長楽寺に参拝しましょう。長楽寺は、和銅6年（713）慈心上人の開基による古刹で、「谷の地蔵さん」として親しまれています。2011年9月4日の台風で発生した土石流によって、本堂や阿弥陀堂などが流失しました。花崗岩は石材にもなる硬い岩石ですが、風化も進みやすく、しばしばこのような土砂災害を引き起こします。長楽寺の再建を仮本堂でお祈りし、出発です。

長楽寺から車道を東へ進み、石碑の立つところから山に入ります。竹やぶの中の作業道を右に分かれ、アベマキやコナラの落ち葉を踏んで登っていきます。春には、落ち葉の間にタチツボスミレが咲いています。

やがて、角がとれて丸くなった花崗岩があちこちに現れてきます **Stop1**。丸いのは、川原の石の

タチツボスミレ

Stop 1　丸くなった花崗岩

Stop2 花崗岩の"おしくらまんじゅう"

雑木の尾根道

ます。上ノ山から、踏み跡をはずさないように、尾根を北西へ進みます。

十数個の岩が "おしくらまんじゅう" をするように並んでいるところがありました Stop2 。花崗岩の割れ目（節理）から風化と侵食が進み、残った部分がこのように集まって並んでいるのです（**下図**）。花崗岩の山ならではの光景です。

なだらかな尾根の雑木の中を進んでいきます。エナガの群れにシジュウカラやコゲラが混じり、木々の枝を渡っていきます。

大きな丸い岩があちこちに立っている坂を登り詰めると、大藤山の山頂に達します。コナラやヤマザクラやリョウブの木の下が三角点です。三角点の横に、腰かけるのにちょうどいい岩が1つ、丸く顔を出してい

ように水に流されてお互いにぶつかったりこすれあったりしたからではありません。一つひとつの岩の周囲が風化によって真砂になり、硬い部分がコアストーンとして玉石のように残ったのです。

坂を登っていくと、花崗岩を組み合わせてつくられた祠の中に不動明王が祀られています。前山を過ぎると、道はわかりにくくなり

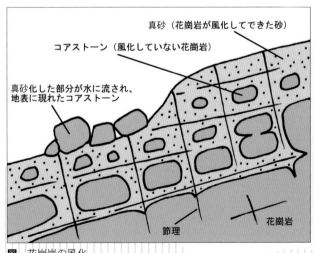

真砂（花崗岩が風化してできた砂）

コアストーン（風化していない花崗岩）

真砂化した部分が水に流され、地表に現れたコアストーン

節理

花崗岩

図 花崗岩の風化

大藤山山頂

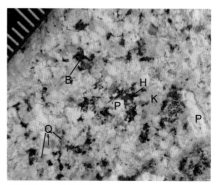

花崗岩をつくる鉱物

ます。

　山頂から長楽寺へ下る道は整備されています。南西の小さなピークへ進み、そこから南に下ると、石仏への分岐。ここから、ササを分けるように石仏へ向かいます。

　高さ6mほどの大きな岩が立っています **Stop3**。節理にそって、平らな面ですっぱりと切れ落ちています。花崗岩は、地下深くでマグマがゆっくりと冷えて固まった岩石です。一つひとつの鉱物が大きく成長

花崗岩をつくる鉱物

　上の写真で四角くて白いのが斜長石（P）、灰色で透明感があるのが石英（Q）、それらを埋める薄いピンク色がカリ長石（K）、黒くきらりと光るのが黒雲母（B）、黒くて長い四角形が角閃石（H）です。

しています。岩の表面で、斜長石、カリ長石、石英、黒雲母（くろうんも）、角閃石（かくせんせき）などの鉱物を見ることができます。

　石仏は、この岩の下に立っていました。ここから、南の眺望が開けています。眼下に広がる平野の向こうに加古川沿岸の工場群、その先に播磨灘が青く見えます。

　石仏の先の分岐から固定されたロープを利用して、ぐんぐん下ります。あたご山には、石の祠が１つ。そこから広い道を長楽寺まで帰ります。

Stop3 石仏の背後の大岩

9 石の宝殿から竜山 (高砂市)

いし　ほうでん　たつやま

ハイアロクラスタイト
竜山石
生石神社

- ●所要時間／約3時間30分　●地形図／「加古川」
- ●アクセス／電車…JR神戸線「宝殿」駅から徒歩20分
  マイカー…生石神社能舞台裏の第2駐車場を利用

古代ロマンと石の文化を巡る

Stop2
宝殿山
生石神社
Stop1 石の宝殿
浮石資料館
P START GOAL
50
阿弥陀町生石
JR宝殿駅へ
法華山谷川
体育館
総合運動公園
通行禁止
観濤處
Stop3
採石遺跡
石山橋
加茂神社
50
竜山
92.4
登山口
ジャイアント馬場顔岩
250
N
100m

Stop1 石の宝殿（横幅6.5m、高さ5.6m、突起物を入れた奥行き7m、推定重量は465トン）

いつ、だれが、何のために造ったのか…。古代ロマンを秘めた巨大な石造物「石の宝殿」。この周辺は「大王の石」と呼ばれた竜山石の採石地です。石の宝殿から背後の宝殿山に登り、竜山（92.4m）を歩くコースを紹介します。

生石神社の社殿をくぐり抜けると、石の宝殿が目の前に立ちはだかります Stop1 。周囲の岩盤を掘り除いて造られた、一辺約6mの四角い形。左右には溝が縦に彫られ、背面は屋根型に中央部が突き出ています。

石の宝殿は、『播磨国風土記』（715年頃）に「大石」として登場して以来、多くの書物に取り上げられ、さまざまな伝承も生まれました。考古学的な研究はもちろん、地中レーダーや超音波で石の内部を探る研究も行われました。棺を納めるための部屋、石槨という説がありますが、まだ定説とはなっていません。石の宝殿と

Stop2　宝殿山山頂からの眺め（見えるのは竜山の石切り場と法華山谷川）

宝殿山のハイアロクラスタイト（流紋岩の破片が集まってできている）

は何なのか？この謎が、今も多くの人を惹きつけています。

石の宝殿の周囲には、岩盤を階段状に彫り込んだ遊歩道がめぐらされています。この階段を登ると、小高い宝殿山の山頂に達します Stop2 。宝殿山をつくっているのは、白亜紀後期、宝殿層のハイアロクラスタイト。

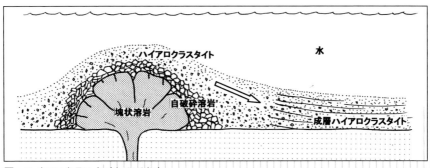

図　ハイアロクラスタイトのでき方

45

石切り場の成層ハイアロクラスタイト

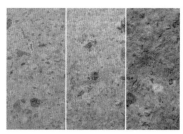
三色の竜山石（青は石山橋付近の採石場、黄は竜山の尾根、赤は宝殿山で採集）

溶岩が水中に噴出すると、水で急に冷やされて粉々に砕けます。ハイアロクラスタイトは、この砕け散った岩の破片が固まってできた岩石です（**前ページの図**）。石の宝殿もこのハイアロクラスタイトでできています。

　宝殿山を下り、法華山谷川の畔を竜山の登山口まで歩きます。対岸には、竜山石の石切り場が白い岩肌を見せて、屏風のように立っています。石切り場をよく見ると、成層していることがわかります。これは、溶岩が水中で粉々に砕けた後、水流によって移動し再び堆積したことを示しています（成層ハイアロクラスタイト）。

　この地域のハイアロクラスタイトは「竜山石」と呼ばれ、石材として切り出されてきました。古くは「大王の石」と呼ばれて権力者の石棺に、中世になると五輪塔や石仏に加工され、明治以降には、旧造幣寮鋳造所（1871年）や大原美術館（1930

三色の竜山石

　竜山石には、青・黄・赤の三色があります。色のちがいについては、加古川東高校地学部の研究（2010）があります。この研究では、もっとも変質の程度が低いのが「淡青色」で、風化によって微細な水酸化鉄鉱物が広がると「淡黄色」になり、さらに風化が進行すると酸化鉄鉱物ができて「淡赤色」に。また、岩石の固結末期に節理に沿って上昇した熱水によって酸化鉄鉱物が濃集すると「濃赤色」になると説明されています。

年）など、近代建築に使われました。現在も建築に利用されている竜山石は、時代の流れに合わせて石の文化を築き上げてきたのです。

　竜山の登山口は、民家の間から少し入ったところにあります。真横に倒れながらも、空に向かって枝を伸ばしているのはムクノキです。「竜山表登山道」と彫られた標石は、黄

竜山登山口

竜山山頂からの眺め

ジャイアント馬場顔岩（発泡した流紋岩の火山礫を多くふくんでいる）

Stop3 竜山石採石遺跡

色の竜山石でできています。

　登山口から、険しい道を登っていきます。道には石段がつくられ、要所にはロープが張られています。尾根に出るところに大きな岩が立っています。岩の前には、「ジャイアント馬場顔岩」の札。正面から見上げると、何となくそのように見えてきます。ピンク色の岩肌。ぽっと頬を染めているようです。

　道を進み、雑木林を抜けるとササの広がる草原に出ます。草原の中の

小高い丘が竜山の山頂です。ビルや住宅で埋まった平野の中に、ここだけがぽっかりと浮かんでいるようです。加古川と法華山谷川が播磨灘にそそぎ、青く広がる海面に波が光って見えます。

　山頂から尾根を北へ進むと、草地に丸い石が散在するところがあります。ここは、竜山石採石遺跡のひとつで、矢穴の残された岩も見られます Stop3 。

　少し下ると、岩盤に刻まれた「觀濤處」の三文字。江戸時代の書家、永根文峰の文字です。脇に彫られた父の跋文が早世した文峰を偲んでいます。ここから、ふもとの加茂神社へ下っていきます。

花崗岩
たたら製鉄
湿原性植物

●所要時間／約4時間　●地形図／「長谷」
●アクセス／電車…JR播但線「寺前」駅からタクシーで約40分
　　　　　　マイカー…砥峰高原入口に駐車場

ススキの草原を散策し、今もヨタカの棲む山へ

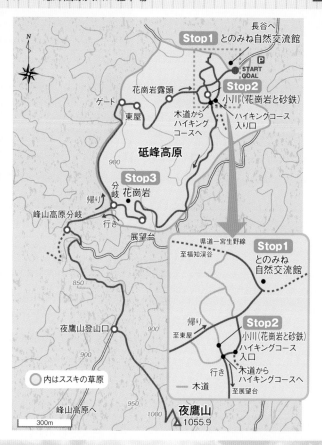

Stop1　とのみね自然交流館の前に広がるススキの草原。小丘が点在している

湿原に見られる植物 ①ノハナショウブ ②ミズチドリ ③ミズオトギリ ④カキラン
⑤コバノトンボソウ ⑥トキソウ ⑦モウセンゴケ ⑧シロイヌノヒゲ

夏は緑に波打つススキの草原。秋はススキの穂が金や銀に光って揺れ、冬は一面の銀世界…。砥峰高原は、四季折々に魅力的な景観をつくり出します。

砥峰高原の入口にあるのが「とのみね自然交流館」。展望テラスの前には、ススキの草原が大きく広がっています **Stop1**。高原内には、細かな起伏の小丘があちこちに見られます。秩序のない不自然なこの地形は、たたら製鉄のために人工的につくられた地形だと考えられています。

砥峰高原に分布しているのは花崗

湿原のハッチョウトンボ

岩（花崗閃緑岩）。花崗岩が風化すると真砂（まさ）になりますが、この中に鉄の原料となる砂鉄（磁鉄鉱）がふくまれています。砂鉄を採集するために表土の真砂がかき取られ、硬い部分が小丘となって残っているのです。

ススキの草原の中につけられた木道を歩きましょう。小川が音を立てて流れています。草原の中には小さな湿原が散在していて、夏から秋にかけて湿原性、草原性の植物が花を咲かせます。ノハナショウブやミズチドリ、ミズオトギリなどは木道からも見ることができます。木道に止まっているのはシオカラトンボ。湿原では、日本一小さなトンボ、ハッチョウトンボが飛んでいます。

Stop2 は、木道が小川を横切る地点です。小さな川原には、花崗岩がたくさん転がっています。表面は風化によって茶色に変色していますが、新しく割れた面で花崗岩のつ

Stop2 小川で観察できる花崗岩
（円内：石英脈中の鉄電気石）

砥峰高原のススキの草原

　砥峰高原のススキの草原は、西日本有数の広さで約90haに及びます。草原に散在する小さな湿原には、ハッチョウトンボやヒラサナエなどの昆虫、ミズチドリやカキランなどの植物など希少な生物種が数多く生息しています。貴重で美しいこの草原を守るために、「山焼き」が地元の人々の手によって行われています。ススキの草原内は立入禁止です。遊歩道と木道を利用して、高原の自然を楽しんでください。

くりを見ることができます。砥峰高原の花崗岩は、しばしば鉄電気石をふくんでいます。うまくいくと、鉄電気石の針状の結晶を見つけることができるかもしれません。磁石があれば、川原や川底の砂を磁石でかき回してみましょう。すぐにたくさんの砂鉄が採れます。

　木道の端にハイキングコースの入口があります。そこから、ススキの草原の中を登っていきます。秋にはススキが背丈を越し、その下にウメバチソウやリンドウが咲いています。展望台に上れば、眼下にススキの草原が一望できます。

　展望台から先に進みます。道の下に、丸くなった花崗岩が見えます Stop3 。風化から残されたコアストーンが地表に現れた姿です。

　砥峰高原から夜鷹山（1055.9m）に向かいます。スギ林の中を進むと車道に出ます。この車道を峰山高原方面に10分ほど歩くと、「夜鷹山登

山口」の道標が立っています。

　登山口から、細い道がスギ林の中を上っています。単調な登りがずっと続きます。山頂が近づくとようやく自然林が現れ、リョウブやウリハダカエデの葉が陽を透かしています。山頂には展望台が立っています。この上から眺めると、暁晴山が近く、千町ヶ峰から笠形山へ稜線が長く続いています。

小川で砂鉄を採集（円内：皿に砂鉄を入れ、水を加えて指で砂や泥をこすり落とす。乾燥させたあと、磁石にくっつけた）

秋、ススキの草原を行く校外学習の中学生

Stop3 ハイキングコースから見る花崗岩

展望台からの光景

夜鷹山は、暁晴山と同じ安山岩質の溶結凝灰岩でできています。登山道に露頭はありませんが、落ちている岩で観察することができます。

夜鷹山…。6月の初め、ふもとの太田池湖畔で野営したときのことです。カッコウやホトトギスの声が続く夜、「キョキョキョキョキョ」とヨタカが鳴き始めました。今も、ヨタカの棲む山なのです。

夜鷹山を下り、来た道を砥峰高原の上の分岐まで戻ります。ススキの

夜鷹山山頂

草原の上には土塁が築かれ、土塁に沿って道がついています。草原を見下ろしながら進む爽快な道です。東屋で一休みし、草原中央の道を自然交流館まで下ります。

●所要時間／約3時間　●地形図／「長谷」
●アクセス／電車…JR播但線「寺前」駅からタクシーで約25分
　　　　　　マイカー…峰山高原ゲート付近の第二駐車場を利用（ホテルリラクシアに周辺マップあり）

「神々の石庭」を散策し、展望の山頂へ

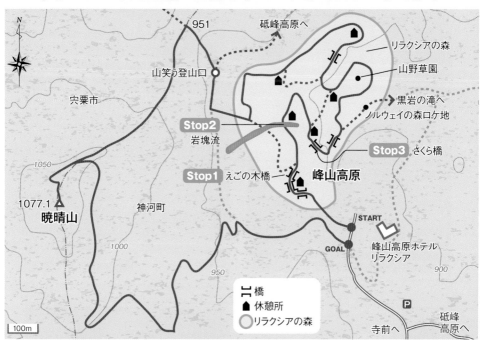

- 951
- 砥峰高原へ
- リラクシアの森
- 山笑う登山口
- 山野草園
- 宍粟市
- 黒岩の滝へ
- ノルウェイの森ロケ地
- **Stop2** 岩塊流
- **Stop3** さくら橋
- 1050
- **Stop1** えごの木橋
- 峰山高原
- 1077.1 暁晴山
- 神河町
- START
- 1000
- GOAL 峰山高原ホテル リラクシア
- 950
- 900
- 橋
- 休憩所
- リラクシアの森
- 100m
- 寺前へ
- 砥峰高原へ
- N

リラクシアの森

Stop1「えごの木橋」から地表の下に積み重なる岩を見る

Stop2 散策道から見る岩塊流

兵庫県の中央部に標高約900mの高さで広がる峰山高原。ここには、岩塊流・化石周氷河斜面など氷期に形成された貴重な地形が残されています。地形や岩石を見ながら高原を散策し、暁晴山（1077.1m）に登ってみましょう。

峰山高原の中央部は、「リラクシアの森」として整備され、散策路がつけられています。峰山高原ホテルとスキー場施設の間から、リラクシアの森に入ります。小川に架かる橋を、一つ二つと渡っていくと、ミズナラやコナラ、リョウブなどの美しい森の中です。木々の下には、ほとんど高低差のない平地がゆるくうね

り、そこをいくつもの水流が枝分かれしながら流れています。

三つ目の「えごの木橋」から、水が削り取った崖を見ると、大きな岩がごろごろと崩れ出ています **Stop1** 。周囲の高いところから崩落した岩が山上の低いところを埋めて、なだらかな高原の地形をつくりました。このような地形は氷期の寒い気候下でつくられやすく、「化石周氷河斜面」といいます。

▶ 峰山高原の周氷河地形 ◀

岩塊流や化石周氷河斜面は、「周氷河地形」と呼ばれています。峰山高原に氷河があったというわけではありません。周氷河地形とは、氷河の周辺に見られるような寒冷な気候下でつくられた地形をいいます。氷期には、県内でも気温が今より7〜8℃低かったと考えられているのです。峰山高原の周氷河地形は、兵庫県レッドデータAランクに指定されています。岩塊流の一部は持ち出されたり、動かされたりしていますが、残されたものを大切に保存していく必要があります。

リラクシアの森入口（正面に暁晴山山頂）

岩塊流の上部

　地面には、1～3mもある岩が散在し、日本庭園のような光景です。浅い谷には、そのような岩が筋状に並んだ「岩塊流」が見られます。 Stop2 は、峰山高原に残された一番大規模な岩塊流で270mにわたって岩が並んでいます。岩塊流は、どのようにしてできたのでしょうか。

　岩の割れ目に入った水は凍ると体積が大きくなって岩石を割りますが、このような作用は氷期にさかんにおこります。割れ落ちた岩は、凍ったり解けたりしてゆるくなった表土の上を岩石自身の重みでずるずると移動し、山上の低いところに筋状に集まって岩塊流となります。峰山高原の岩塊流は、挟まれている火山灰によって最終氷期（7万～1万3千年前)にできたことがわかっています。岩塊流のでき方やつくられた時期が明らかになったのは、日本ではここが初めて。地表に散在する岩は、移動の途中に取り残された岩です。ここで岩塊流を研究した田中眞吾氏は、この地を「神々の石庭」と呼んでいました。

　散策路はいくつも分岐していますが、休憩所やベンチ、道標で位置を確かめながら歩くことができます。深い谷から、ミソサザイの声。アオゲラが、木の低いところにも巣をつくっています。春、水の流れのそばに咲くのはクリンソウです。

　「さくら橋」は吊り橋で、歩くと大きく揺れます。この橋から谷に下りて、峰山高原の岩石を観察しましょう Stop3 。岩石は、火砕流によってできた安山岩質の溶結凝灰岩です。青みがかった暗灰色でとても硬く、斜長石と角閃石の斑晶が目立ちます。この岩石は、市川に多く流れ込んでいます。古くから「峰山石」と呼ばれ、川原の丸い石のまま、あるいは半分に割られて石垣などに利用されてきました。

　リラクシアの森からハイキングコースに出て、「山笑う登山口」か

小川の畔に咲くクリンソウ

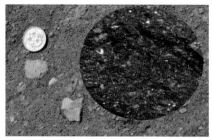

Stop3 峰山高原の岩石
（風化すると白っぽくなり、ふくまれている
流紋岩などの岩石片が目立つ。円内は、岩を
割って出した新鮮な部分）

暁晴山山頂

ら暁晴山をめざします。951m標高点で林道に出て、その先から尾根の細い道に入ります。ミズナラ林の中を登り、リョウブの群落に入ると、巨大なジャングルジムが現れます。ここから、電波塔の立つ山頂はすぐ近くです。

　一等三角点の埋まる山頂は、絶好の展望地。三室山、氷ノ山、笠形山…。1000m級の山々がぐるりと周りを囲んでいます。いくつの山がわかるか、数えてみてください。眼下には、峰山高原が夜鷹山（1055.9m）などの残丘に囲まれて広がっています。ホテルの屋根が銀色に光り、リラクシアの森が樹冠の緑を広げています。

　下山は、景色を楽しみながら広い車道を高原のホテルに向かいましょう。

暁晴山山頂から峰山高原を見る

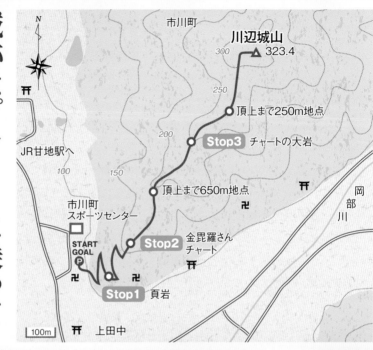

12 川辺城山（市川町）

かわなべしろやま

丹波帯
層状チャート
城跡

●所要時間／３時間　●地形図／「北条」
●アクセス／電車…JR播但線「甘地」駅から徒歩30分
　　　　　　マイカー…市川町スポーツセンターに駐車場

城跡はプレートに乗ってやってきた海の地層

市川町

川辺城山
△ 323.4
300

250

頂上まで250m地点

200

Stop3　チャートの大岩

JR甘地駅へ

100

150

頂上まで650m地点

市川町
スポーツセンター

START
GOAL
P

Stop2　金毘羅さん
チャート

Stop1　頁岩

岡部川

100m

上田中

Stop2 層状チャート

JR甘地駅の東にあって、山頂に城跡をいただいているのが川辺城山（323.4ｍ）です。ここでは、丹波帯八千種層の頁岩・チャート・砂岩を見ることができます。丹波帯の地層は、ジュラ紀に付加した海の地層。日本がまだ大陸の端にくっついていた頃、プレートに乗って南の海からやってきました。

　市川町スポーツセンター裏の登山口から広い道を進むと、道の横に頁岩の地層が見られます Stop1 。黄土色のもろい頁岩で、薄く割れた破片が表面からポロポロと崩れています。これは、頁岩によく見られる風化のしかたです。

　防獣ゲートをくぐって進み、尾根に出るとその先に金毘羅さんが見えます。金毘羅さんの小さな社は、背後の岩に寄りかかって立っています。この岩は、チャートです Stop2 。チャートは、放散虫の遺がいが深海底に降り積もってでき

Stop1 頁岩の地層

た、とても硬い岩です。

　ここで、チャートを観察してみましょう。白っぽいチャートですが、淡いオレンジ色や灰色の部分がまだらに入っています。また、厚さ数㎜〜数㎝の層が平行に重なって縞模様をつくっています。このようなチャートを「層状チャート」といいます。チャートの層の間には、薄い泥岩の層が挟まれています。

層状チャート

　日本で見られるチャートの多くは層状チャートです。色や縞模様に味わいがあって、庭石にもよく利用されています。層状チャートは、厚さ数㎝のチャートと数㎜の泥岩がひとセットの層をつくっています。なぜこのように層になるのか、放散虫が繰り返し絶滅したとか、海底地すべりが繰り返し起こったなどの説がありますが、まだ定説を得ていません。

カスミザクラの花と金毘羅さん

JR播但線沿いの道路より望む川辺城山

　金毘羅さんから道は細くなって山道らしくなります。道に現れている地層は、チャートからすぐ頁岩に変わります。頁岩が砕けてできた黄土色の砂礫を踏んで、コシダの間の急な道を登っていきます。

　チャートは頁岩の地層中のところどころに挟まれています。チャートは頁岩より風化や侵食に強く、チャートになったところで岩が地面から飛び出しています。

　やがて道は平らになり、城山の山頂がよく見える地点に出ます。春の頃は、コバノミツバツツジの赤紫の花に彩られ、アセビやヒサカキが小さな花をつけます。樹上からは、ヤマガラやシジュウカラのさえずりも聞こえてきます。

　「頂上まで650ｍ」の地点には、ベンチが一つ。このあたりには、砂岩が現れています。

　再び急になった道を登り前方を見上げると、いくつもの大きな岩が道をふさぐように並び立っています Stop3 。これらの岩は、すべてチャートです。周りの頁岩の地層が侵食され、頁岩に挟まれていた硬いチャートがこのように尾根の斜面に残っているのです。

　ここからひと登りした小さな高みが「頂上まで250ｍ」地点。尾根道

コバノミツバツツジの咲く登山道

Stop3 チャートの大岩

山頂より福崎方面を望む

をそのまま進み、最後の急坂を登ると山頂に達します。

　山頂の主郭は東西に長く、それを帯郭がぐるりと囲んでいます。西端に堀切があってその手前に見晴らしの良いところがあります。眼下には、

チャートの割れ目にできた水晶（カメラの前にルーペを置いて撮影）

川辺城山の山頂

市川の流れがつくった沖積平野が広がり、それを低い山並みが囲んでいます。天気のいい日なら、その山並みが1カ所だけ途切れた間から、遠く播磨灘に浮かぶクラ掛島の島影が見えます。

　三角点の近くに、陽にかざすときらきら光る石が落ちていました。光るのは、チャートの割れ目にできた小さな小さな水晶の結晶でした。

　下山は、尾根の踏み跡を北へたどって盛林寺へ下ることもできますが、来た道を下る方が安全です。

●所要時間／約4時間　●地形図／「北条」
●アクセス／電車…JR播但線「福崎」駅から徒歩45分
　　　　　　マイカー…日光寺山への車道入口に車数台の駐車スペース

石灰岩の採石場跡にフズリナの化石

N

市川町

Stop2
市川町へ
石灰岩採石場跡

分岐道標

境界柱

日光寺山
408.4

300

350

井ノ口へ

Stop3
丸太橋、頁岩

250

200

北浦谷奥池

日光寺 卍

鐘堂

石仏の道

250

車道へ

ベンチ

播但連絡道路

福崎町

150

150

200

Stop1
チャート

GOAL 卉

参道入口
卉

START

亀坪

車道入口
P

加治谷

300m

日光寺からの景観

播磨では、石灰岩はわずかに小さな岩体として点在しているだけです。福崎町の古刹、日光寺から石灰岩の採石場跡を訪れるコースを紹介します。

　亀坪の日光寺参道入口が登山口です。ここにはお堂があって、「日光寺」と彫られた古い標石と、近畿自然歩道の標柱が立っています。

　古くから多くの人々が歩いてきた参道です。道に降り積もる落ち葉を踏んで登っていきます。道に現れているのは、風化して褐色になった頁岩です。ときどき、砂岩やチャートも見られます。ここに分布しているのは、丹波帯の若井層。ジュラ紀に付加した地層です。道の脇に、大きさ1mぐらいのチャートの岩塊が頁岩の地層の上に見られるところがあります Stop1 。これは、頁岩の中にブロック状に取り込まれたチャートです。付加体の地層は大きな力を受けてさまざまに変形してい

Stop1 頁岩中のチャートのブロック

るので、チャートの地層が壊されてこのようにブロック状やレンズ状となって頁岩に取り込まれているのです。

　植林帯と自然林の間を登っていきます。道には、細かく割れた頁岩の砂礫の中に砂岩やチャートが混じっています。チャートの割れ目に、水晶を見つけることができるかもしれません。

　ベンチの置かれた休憩所を過ぎると、いったん車道に出ますが、すぐにまた細い参道に入ります。うっすらとコケにおおわれた石仏の並ぶ道を進むと、日光寺に着きます。日光寺は、大化元年（645）、法道仙人によって開基されたと伝わる寺院です。境内から、南に大きく展望が広がっています。田んぼや街並みの間にいくつものため池が光り、山並みの間からは播磨灘が見えます。

　日光寺から舗装された道を山頂へ

日光寺参道入口

向かいます。夏の雨の日、草むら
で休むアサギマダラを見たのは鐘
堂の近くでした。日光寺山の山頂
（408.4m）は、NHKテレビ中継放送
所のうしろです。高いアンテナの下
に三角点と道標が立っています。

　ここから、福崎町と市川町の境界
尾根を下ります。ネジキやソヨゴ、
コナラの混じるアカマツ林の中の道
です。倒木を越えたり回り込んだり
するところもありますが、道ははっ
きりしています。小さなピークに古
い境界柱が立っていて、「田原村・
瀬加村」と読めます。次の小さなピー
クには、市川町方面と井ノ口方面を
示す道標があります。井ノ口方面に
200mほど下ったところが石灰岩の
採石場跡です。直径10〜40mほど
のすり鉢状の穴が、境界尾根をまた
いで4つ5つ連なっています。石灰岩
はほとんど掘りつくされています
が、穴の斜面や底にそのかけらが残
されています。白〜淡い灰色で、表

Stop2 石灰岩の採石場跡（人物の右が採石さ
れた穴の斜面　土におおわれ木が生えている）

面が少しざらついているのが石灰岩
です。石灰岩の表面に小さな楕円形
の模様があれば、それがフズリナの
化石です。石灰岩のほかには、頁岩・
チャート・砂岩・緑色岩のかけらも
落ちています。水晶や方解石の結晶
もここで見つけることができます。

　日光寺山の石灰岩中のフズリナ
は、ペルム紀に生息していたもので
す。一方、周辺のチャートからは三
畳紀とジュラ紀の放散虫の化石、頁

アサギマダラ

日光寺山のフズリナ

　フズリナは紡錘虫（ぼうすいちゅう）とも呼ばれ、
石炭紀に現れてペルム紀末まで繁
栄しました。進化の系統がよく研
究されていて、時代を示す化石（示
準化石）として有名です。日光寺
山からは、ペルム紀を示すヤベイ
ナやネオシュワゲリナなど数種類
のフズリナの仲間が報告されてい
ます。

フズリナ化石（黒い線の内側）。2020.1.5.
田﨑正和氏採集（写真横12mm）

方解石。石灰岩採石場跡で採集（写真横67mm）

水晶。石灰岩採石場跡で採集（写真横9mm）

Stop3 沢の流れに見る頁岩の地層

岩からはジュラ紀の放散虫の化石が
出ています。ペルム紀、南の海の海
山の周りでできた石灰岩が、海底に
連続して堆積した放散虫（チャート
になる）とともにプレートにのって
ゆっくりと北上し、ジュラ紀の終わ
りに大陸から運び込まれた泥（頁岩
になる）に混ざって付加したのです
（7ページ参照）。

　ここから境界尾根を井ノ口へ下る
こともできますが、採石場跡の一番
低いところからその谷を南へ下ると
早道です。スギの植林地の中の踏み

跡を下っていきます。道がわかりに
くいところもありますが、谷を下っ
ていくと小さな丸太の橋があってそ
こで沢沿いの道に出ます。この沢で、
新鮮な頁岩の地層を見ることができ
ます **Stop3** 。沢に沿った道を下っ
ていくと、北浦谷奥池のほとりの広
い道に出ます。この道を下ると、ふ
もとの加治谷集落です。

14 桶居山 (姫路市)

●所要時間／約5時間　●地形図／「加古川」
●アクセス／電車…JR神戸線「御着」駅から徒歩20分
　　　　　　マイカー…別所中池に駐車場

カルデラ噴火
かんざし岩
岩稜

岩稜の先にそびえる鋭い峰

新池から望む桶居山
（左：かんざし岩、中央：山神社分岐のピーク、右：桶居山）

Stop1 白髭神社上の岩場。強く溶結した火山礫凝灰岩でできている

　姫路市街地の近くにあって、峻険の峰を誇っているのが桶居山（247.3m）です。

　別所中池の駐車場から、白髭神社まで徒歩で30分。石段を登ると、社殿のうしろに岩場が迫っています。社殿の右より山道に入りコシダの間を登ると、岩場の下に出ます Stop1。急傾斜ですが、岩には起伏や割れ目があるので、登るのは難しくありません。青や白のペンキがルートを示してくれます。岩石は、赤っぽい色の強く溶結した火山礫凝灰岩。ふくまれている小さな火山礫が飛び出して、表面がごつごつしています。割ってみると、石英と長石の結晶が多くふくまれていることがわかります。

　岩場を登り切り、アカマツやネズミサシの多い道を進むと再び急な岩場です。花の少ない真夏でも、木陰にキキョウが咲いています。そこを登ると尾根に出ます。尾根を進み、分岐からかんざし岩へ向かいます。尾根の南に屹立するかんざし岩は、ふもとからもよく目立ちます。岩の上に腰かけると、吹き上がる風がほてった体を冷やし、爽快な風景が目の前に広がります。播但連絡道路が曲線を描き、新幹線の白い車体が走り抜けます。南山と麻生山の間から見える播磨灘には男鹿島や家島本島が浮かび、その先に小豆島の島影が重なっています。かんざし岩の岩石は、ここまで見てきた溶結凝灰岩とは違っています。淡い緑色の軽石凝灰岩で溶結していません。ふくまれている軽石には繊維状の火山ガラスがそのまま残っています Stop2。

　分岐に戻って先に進みます。斉藤山は、御着城主小寺氏の家臣、斎藤氏の城があったところ。177mピークの手前が平坦になっていますが、ここで城の名残を見つけるのは難しいかもしれません。コルまで下って登り返したところが、山神社分岐の

真夏に咲くキキョウ

65

Stop2 かんざし岩の上。軽石凝灰岩でできている

あるピークです。このあたりは、弱溶結の火山礫凝灰岩です。送電線鉄塔をくぐると、目の前に桶居山が鋭く天を突き、足元から岩稜が波打ちながらその山頂へ駆け上がっています。

岩稜を登っていきます。山頂手前の岩塔は、こけし岩と呼ばれています。三つほどの石が縦に重なり、だるま落としのようにも見えます。ようやく傾斜がなくなったところが桶居山の山頂です。三角点のほかには、標識も山名プレートも何もない清らかな山頂。南に播磨灘が広がり、その向こうに淡路島が薄く島影を描いています。ここから稜線が起伏しながら高御位山へと続き、ずっと向こうに六甲山も見えます。

山頂の東側は、急な傾斜を岩盤がおおっています。岩石は、ハイアロクラスタイト。溶岩が水中に噴出し、砕け散った溶岩の破片が固まった岩石です。岩盤を下りしばらく行くと、鮮やかな緑色の地層が現れます。火山礫をほとんどふくまない細粒の凝灰岩で、成層しています。一枚の地層の中には、細かい縞模様、葉理も見られます。この地層は、火山噴火によって舞い上がった火山灰が地表に降り、水底に積もってできたものです。少しの間、この凝灰岩が続きます。221mピークを越えてしばらく進むと、ハイアロクラスタイトの地層に変わります。

高御位山分岐を過ぎ、次の送電線鉄塔をくぐると尾根が広く岩盤におおわれています。黄色のハイアロクラスタイトで、表面は風化（酸化）によって赤くなっています。その表

岩稜の先にそびえる桶居山

こけし岩

桶居山山頂東のハイアロクラスタイト。流紋岩の破片がジグソーパズルのように集まっている

成層した細粒凝灰岩（221mピーク付近）

Stop3 ハイアロクラスタイトの岩盤。左に高御位山が見える

桶居山の岩石（写真横約17cm）①強く溶結した火山礫凝灰岩（Stop1 白髭神社上の岩場）②軽石凝灰岩（Stop2 かんざし岩）③弱溶結の火山礫凝灰岩（桶居山山頂）④成層した細粒凝灰岩（221mピーク付近）⑤ハイアロクラスタイト（Stop3の岩盤）⑥赤いハイアロクラスタイト（⑤の風化した表面）

面がタマネギの皮のように薄くはがれ落ち、なめらかな岩肌を見せています Stop3 。そこから、岩の尾根をいくつかのピークを越しながら下っていきます。ずっと険しい道が続きます。最後の分岐を左にとると、別所中池のほとりに出ます。

桶居山のいろいろな岩石

　桶居山に分布しているのは、白亜紀後期の大規模なカルデラ噴火によってつくられた地層です。今回のルートで見られた岩石は、上の写真のようにさまざまです。これらは、一連の火山活動によってできたと考えられますが、噴火のしかたや堆積した場所の環境によってさまざまな岩石になったと考えられます。岩また岩の桶居山は地層が観察しやすく、詳しく調べると火山活動の移り変わりがわかるかもしれません。

溶結凝灰岩
節理
随願寺

●所要時間／約4時間30分　●地形図／「姫路北部」
●アクセス／電車…そうめん滝をスタート地点にすると、JR播但線「砥堀」駅から
　徒歩20分　マイカー…増位山山頂駐車場

火砕流でできた岩を水が走る

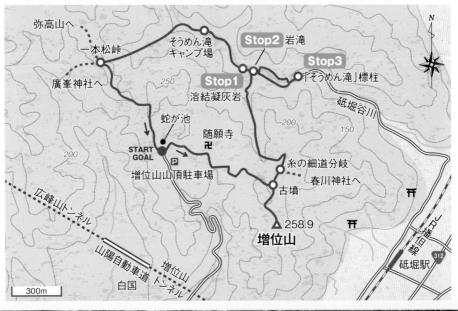

弥高山へ
一本松峠
廣峯神社へ
そうめん滝
キャンプ場
Stop2 岩滝
Stop3
Stop1
「そうめん滝」標柱
溶結凝灰岩
砥堀谷川
蛇が池
随願寺 卍
START GOAL
P
増位山山頂駐車場
糸の細道分岐
春川神社へ
古墳
広峰山トンネル
山陽自動車道
増位山トンネル
白国
増位山 ▲ 258.9
JR播但線
砥堀駅
312
250
200
150
200
300m
N

Stop3「そうめん滝」標柱の立つ地点。水平方向
に発達した板状節理の上を水が流れている

そうめん滝

増位山山頂

姫路市街地の北に屏風のように連なる広峰山系。その南東に位置する増位山（258.9m）とそうめん滝は、多くの姫路市民に親しまれています。

増位山山頂駐車場近くの蛇が池から坂を一つ越すと、随願寺の境内が広がっています。随願寺は、聖徳太子の命により高麗の僧・恵便（えべん）が開山、天平年間に行基が中興したという古刹です。お寺の下に池があり、ここからハイキングコースに入ります。姫路城主榊原政邦（さかきばらまさくに）とその夫人の墓所を過ぎ、平らになった道を進むと古墳のある分岐です。まずは南へ増位山をめざします。

平らなままの道を進み、最後に少し登れば増位山の山頂です。眼下に、姫路の市街地が広がり、その中を市川が蛇行しています。海岸の工場地帯の向こうには播磨灘がかすみ、家島の島々が浮かんでいます。姫路城の天守は、その白壁が背後のビルに重なって見えにくいですが、探してみましょう。

山頂付近には、ところどころに岩が露出しています。この岩は溶結凝灰岩で、いろいろな種類の岩石片をふくんでいてパッチワークのように見えます。増位山に分布しているのは、広峰層。白亜紀後期、播磨各地で起こったカルデラ噴火による地層の一つで、広峰層はその中でも早期の約8300万年前にできた地層です。

古墳のある分岐まで戻り、今度は北へ進みます。急な坂を谷へと下り、沢沿いの道をさらに下っていきま

随願寺

増位山山頂の溶結凝灰岩。黒色の粘板岩や灰色の砂岩などの岩石片を多くふくむ

①ヤマヤブソテツ　②コムチゴケ
③シャクシゴケ　④サワオトギリ

Stop1 そうめん滝の溶結凝灰岩。白い岩石片
は、流紋岩や軽石のレンズ

す。道の脇には、いろいろなシダや
コケが生え、サワオトギリが黄色の
花をつけています。車道に出たとこ
ろが、ちょうどそうめん滝です。そ
うめん滝は、砥堀谷川のこのあたり
一帯につけられた名前です。そうめ
ん滝とは変わった名前ですが、「昔、
姫路城の殿さんが上流からそうめん
を流して食べたのでこの名がつい
た」といわれています（「近畿自然
歩道案内板」より）。

　川に下りて、岩石を観察しましょ
う Stop1 。川の岩盤は、水の流
れによって磨かれているので観察し
やすくなっています。岩は青みが
かった溶結凝灰岩。増位山山頂と同
じ広峰層の地層です。白い流紋岩、
黒い粘板岩、灰色のチャートなどの
さまざまな岩石片をふくんでいま
す。ふくまれている粘板岩やチャー
トは、噴火が起こったときに火山の
周りにあった岩石が粉々に壊れて火
砕流に巻き込まれたもので、噴火の
激しさを物語っています。

　「岩滝」が、そうめん滝一番の景
観です Stop2 。ここでは、垂直
方向に割れ目（節理）が発達して
います。水は、その割れ目を削り
取って溝をつくり、そこを勢いよく

Stop2 岩滝。垂直方向の節理を削って水が流
れている

70

流れています。「いわたき橋」を渡
り、左岸のハイキングコースを下り
ます。再び川の石を渡ると、「そう
めん滝」の標柱が立っています。こ
のあたりは、水平方向に板状節理が
発達しています **Stop3**。岩石が
板状節理に沿ってはがれるように割
れ、その上を水が滑るように走って
います。このように、溶結凝灰岩に
できた節理が、そうめん滝の流れを
つくっているのです。

　もとの地点に戻り、砥堀谷川をさ
かのぼるとそうめん滝キャンプ場で
す。道はその先で、砥堀谷川に注ぐ
渓流に沿って上っています。岩をお
おうコケに木々の葉を透かした陽が
射しこみ、ミソサザイのさえずりが
聞こえてきます。傾斜がしだいに大
きくなり急坂をつづらに登ると、一
本松峠です。ここから廣峯神社まで
も、弥高山（339.6m）までも片道
30分程度なので余裕があれば往復す
るのもいいでしょう。一本松峠から、
ほとんど平らな道を南に進むと、は
じめの蛇が池に戻ります。

一本松峠から進む平らな道

山頂部はなぜ平ら？

　広峰山から増位山にかけての山
頂部は、標高250〜300mぐらい
でほとんど平らです。山を歩いてみ
ると、山頂付近の道に起伏がなく、
そのことが実感できます。このよ
うな平らな地形は、「隆起準平原」
として説明されています。広い範
囲にわたる平らな地形は通常、海
水面に近い高度で、長年にわた
る海の波や川の流れによる侵食に
よってつくられます。そのようにし
てできた平らな面が、現在の高さ
まで隆起したという考えです。た
だ、その考えを裏付ける証拠はな
く、本当のことはよくわかっていな
いのです。

姫路城から望む広峰山系。左に広峰山、右に増位山

16 蛤岩・蛤山から舟越山 (姫路市)

流紋岩
姫路平野
高岳神社

- ●所要時間／約3時間　●地形図／「姫路北部」
- ●アクセス／電車＆バス…JR姫新線「播磨高岡」駅から徒歩15分
  姫路駅から神姫バス今宿循環「今宿」下車、徒歩15分
  マイカー…高岳神社に参拝者用駐車場

ご神体は流紋岩

ハマグリの化石の正体は？

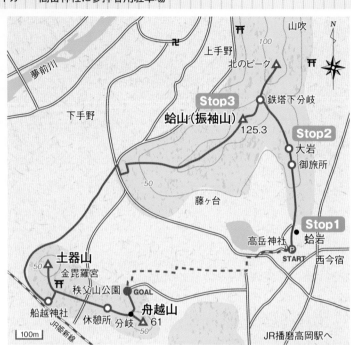

Stop1 蛤岩（流紋岩）

流紋岩にふくまれる球顆

姫路市西今宿の高岳神社。神社入口の石碑に、神社の由緒が刻まれています。それには、「境内には巨大なる岩石多く殊に社殿の背後にそびゆるもの最も怪奇なり 昔土地の人此岩上にて蛤を拾い福徳長寿の幸を得しかば名付けて蛤岩と称す 当社の宝物に蛤の化石今に伝われり」とあります。

　神社への石段を登っていくと、拝殿の屋根の後ろに大きな岩が見えます。拝殿でお参りしたあと本殿を回り込むと、大きな岩盤が姿を現しま

蛤岩の流紋岩（赤色の線は各ブロックの流理の方向、黄色の線はあとから入りこんだ岩脈の方向）

す。玉垣の向こうに切り立っているのが高岳神社のご神体、「蛤岩」です。ごつごつと荒々しい岩肌は、コケ類や地衣類におおわれて神々しさを醸し出しています。

　玉垣の外に広がる岩盤で、岩石を観察することができます **Stop1**。岩石は、マグマの流れた跡を示す縞模様（流理）の見られる流紋岩。その流理がブロックごとに、あちこち違う方向を向いています。これは、固まったマグマの一部が、まだ固まっていない他の部分に押されて壊れたからです（自破砕構造）。

　また、流紋岩には球顆がたくさんふくまれています。球顆は、大きさ1〜2cmのものが多いのですが、中には10cmほどのものもあります。球顆が飛び出したり抜け落ちたりして、岩の表面はでこぼこしています。

　流紋岩の中から、ハマグリの化石が出てくることはありません。神社の由緒にある「蛤の化石」とは、流紋岩の丸い球顆のことだったのかもしれません。

　蛤岩から広い坂道を進むと、神社の御旅所です。秋祭りでは、屋台がここまで勇壮に担がれてきます。蛤山ハイキングコースは、ここから始まります。

　登山道に入ってすぐ、大きな岩が現れます **Stop2**。もう流紋岩ではありません。火山岩塊や火山礫を

Stop2 御旅所の上の大岩（凝灰角礫岩）

ふくんだ凝灰角礫岩です。ここに分布しているのは、白亜紀後期の伊勢層。大規模な火山噴火によってできた地層です。

姫路平野の小さな丘

　姫路平野には、姫山をはじめ男山、景福寺山、名古山、手柄山などの小さな丘が点在しています。これらの丘は、ジュラ紀に付加した丹波帯の地層できています。一方、ここで紹介した土器山と舟越山は、白亜紀後期の火山活動による地層でできています。

　ここには、かつてこのような地層でできた山並みがありました。第四紀の後半、このあたりは少しずつ沈降していきます。沈んでいく山並みを、市川が運んできた砂礫が広く埋めて姫路平野をつくりました。山頂部だけが埋め残されて、小さな丘になっているのです。

　岩を越えると、道は林の中に入ります。ゆるく登っていくと、送電線鉄塔下の分岐。はじめに、ここから北へ登ってみましょう。5分ほどで東西が切れ落ちた岩のピークに達します。天気の良い日、市街地に浮かぶこのピークには、いろいろなチョウがやってきました。キアゲハ、ナミアゲハ、アオスジアゲハ、モンキアゲハ、ツマグロヒョウモン…高いところが好きなのか、次々とここで舞っては、どこかへ飛んでいきます。

大岩の表面（破砕された流紋岩の火山岩塊をふくむ）

北のピーク

北のピークで休むキアゲハ

　分岐に戻り、南に登ると蛤山（別名：振袖山）の山頂（125.3m）です `Stop3`。山頂には休憩所があり、その下には岩盤が広がっています。火山岩塊の量が多くなった火山角礫岩です。火山岩塊の大きなものは30cm以上もあります。

Stop3 蛤山山頂（火山角礫岩）

　山頂から姫路平野が一望できます。ビルや住宅で埋め尽くされた平野の中に、小さな丘が点在しています。姫路城の天守が立っているのは姫山です。

　山頂からコナラ林の道を西へ下り、土器山（別名：秩父山）と舟越山（61m）をめざします。土器山の登山口は、船越神社にあります。神社の上の金毘羅宮から延びる道を進むと山頂です。山頂には、「黒田官兵衛　青山合戦陣地跡」の木札が掛かっています。金毘羅宮まで戻り、舟越山へ向かいます。登山口の休憩所から広い道が、つんと反り上がった山頂へ向かっています。分岐を右にとれば、雑木に囲まれた山頂です。分岐まで戻り、秩父山公園へ下ります。土器山も舟越山も、伊勢層の火山礫凝灰岩からできています。

蛤山山頂から望む姫路市街地

17 麻生山から仁寿山 (姫路市)

あさおさん　じんじゅさん

凝灰岩
火山豆石
仁寿山校

- **所要時間**／約4時間　●**地形図**／「姫路南部」
- **アクセス**／電車＆バス…山電「白浜の宮」駅から徒歩30分　JR「姫路」駅から
神姫バスの的形循環または東山循環で「奥山口」下車、徒歩10分
マイカー…登山口、東上池、東池付近に駐車スペース

凝灰岩の地層に火山豆石を見つけよう

かざんまめいし

麻生山（右）と仁寿山（左）

登山口の火山礫凝灰岩の地層

麻生山（173m）と仁寿山（174.8m）は、姫路市街地の東、市川の河口近くに並んで立っています。麻生山は、整った山の形から「播磨の小富士」として親しまれています。その隣で、山頂に電波塔やアンテナが林立しているのが仁寿山です。

麻生山の登山口は、麻生八幡宮の北にあります。登山道は、岩の階段から始まります。この階段をつくっているのは、四郷層（白亜紀後期）の火山礫凝灰岩です。火山灰が固まった岩石が凝灰岩ですが、火山礫をふくんでいるので、火山礫凝灰岩という名前になります。この地層は、きれいに成層していて、ゆるく傾く地層面に沿って割れているので、歩きやすい階段となっています。

ところどころに泥岩

の地層が挟まれています。火山の大規模な噴火が起きると地面が陥没してカルデラができますが、泥岩はそのカルデラ湖にたまった地層だと考えることができます。

雑木林の中の擬木の階段を登っていくと、高さが10mほどもある大きな岩が現れます **Stop1**。表面がごつごつしているのは、2〜10cmほどの硬い火山礫や火山岩塊が飛び出しているからです（凝灰角礫岩）。縦に割れ目が入っていて、この割れ目に沿ってクサリが垂れ下がっています。スリルを味わいたい人は、クサリを伝って登ってみましょう。岩の横にも道がついているので、安心してください。春には、岩の上にイブキシモツケやマルバアオダモが白い花をつけて風に揺れています。

大岩を越えると、再び凝灰岩の地

Stop1 大岩（凝灰角礫岩）

大岩の上に咲くイブキシモツケ

凝灰質砂岩の地層

層が岩の階段をつくっています。泥岩や凝灰質砂岩の地層も挟まれています。

ここで、火山豆石を見ることができます **Stop2**。凝灰岩の地層をはがすように割ってみると、中から灰色の丸い火山豆石がころりと出てくるのです。こんなに保存がよくて、分離もよい火山豆石はたいへん珍しいのです。

火山豆石

火山豆石はどのようにしてできたのでしょうか。湖底で火山の噴火が始まると、マグマ水蒸気爆発となって、大量の火山灰と水蒸気が噴出します。上空に舞い上がった噴煙中で、水蒸気が凝結してできた水滴が火山灰を取り込むと火山豆石ができます。この他に、噴煙中に雨粒が落下してできたり、雨粒が地面の火山灰に落ちて転がってできたなどが考えられます。

ここを登り切ると、山上の華厳寺にたどり着きます。両側に石仏の並ぶ境内を進むと、麻生山の山頂です。山頂の南端には、腰をかけて景色を見るのに絶好な岩が重なっています。眼下に見えるのは、白浜の街や海岸の工業地帯。その向こうに播磨灘がにぶく光り、上島がぽっかりと浮かんでいます。

麻生山を西へ下ります。途中で道が二手に分かれ、「先で合流　右楽路」の道標が木に掛かっています。

Stop2 火山豆石。凝灰岩の地層に見られる

麻生山山頂

山頂下の岩の階段。ここで火山豆石が見つかる

右の楽路を下りましたが、もちろん左の道でもOKです。仁寿山との間のコルは、東阿保と奥山を結ぶ峠。

Stop3 赤い火山礫凝灰岩

ここからまっすぐに仁寿山山頂をめざして登っていきます。車道を横切り、電波塔の立つピークを越してひと登りすると仁寿山の山頂です。

　仁寿山から尾根を南西へ進み、次の電波塔で北西へ方向を変えると反射板が立っています。ここから南へ下ると、展望のよい岩の上に出ます Stop3 。この地点の地層は、赤い色をした火山礫凝灰岩です。石英や長石の結晶、火山礫や軽石をふくんでいます。ここから続く岩場を下っていくと姫路バイパスの側道に出ます。

　帰りに仁寿山校跡を訪れ、播磨の歴史にも触れてみましょう。仁寿山校は、姫路藩の家老、河合寸翁(かわいすんのう)が人材養成のために開いた学校。現在、井戸と一部の土塀が残されています。

- ●所要時間／約5時間30分　●地形図／「神子畑」
- ●アクセス／マイカー…森林基幹道「千町・段ヶ峰線」
  バイオトイレ付近と大谷登山口付近に駐車スペース

岩塊流
くじら石
化石周氷河斜面

巨岩重なる岩塊流から山上の高原へ

千町岩塊流
どうどう橋
START GOAL
バイオトイレ
くじら石
登山口
Stop1 展望デッキ
山上庭園
アセビの丘
岩塊流
700
800
900
朝来市
1000
杉山 1088▲
分岐
分岐
Stop2 化石周氷河斜面
1000
フトウガ峰 ▲1082
杉谷分岐
1071
Stop3
烏帽子型の大岩
森林基幹道千町・段ヶ峰線
900
宍粟市
三角点 1103.4
段ヶ峰▲
大谷登山口
900
1000
N
300m

Stop1 展望デッキから見る千町岩塊流

くじら石。腹の縞模様は板状節理

アスヒカズラ。レッドデータＡランクの希少種

森林基幹道「千町・段ヶ峰線」の「どうどう橋」近くに、千町岩塊流の入口があります。バイオトイレの横に車を止めて出発です。「どうどう橋」の下は、もう岩塊流です。上流側にも下流側にも大きな岩が積み重なっています。段ヶ峰と杉山、２つの山の登山口から、岩塊流の右側につけられた道を登っていきます。岩の上の貴重な植生を保護するために、道にはロープが張られています。木の間から岩塊流を見ながら進むと、展望デッキがあるので上ってみましょう **Stop1**。

岩塊流は他の地域にもありますが、千町岩塊流は一つひとつの岩が大きく、その累々と重なる姿が圧巻です（兵庫県レッドデータＡランク）。岩は厚くコケにおおわれ、木々はそのコケに根を下ろしています。岩の下から水の音、近くでミソサザイの声も聞こえます。岩塊流は、周氷河地形のひとつです（「11 峰山高原から暁晴山」53〜54ページ参照）。

展望デッキから少し進むと、「くじら石」が横たわっています。長さ7m、千町岩塊流のシンボルです。くじらの腹の縞模様は、溶結凝灰岩に発達した板状節理です。

岩塊流は、長さ約600m。まだまだ続きます。上の方でいくつかに分かれていますが、5mもある大きな岩がずっと重なっています。岩の間をつづら折りに登っていくと、よう

溶結凝灰岩にできる節理

溶岩などが冷えるときにできる節理（岩石に見られる平面的な割れ目）を冷却節理といいます。冷却節理は火山岩によく見られますが、溶結凝灰岩にも見られることがあります。溶結凝灰岩は、火砕流による火山灰などが高温のまま積もり、熱と重さでくっつきあってできます。やはり冷えるときに冷却節理ができるのです。千町岩塊流や段ヶ峰・フトウガ峰では、板状の節理が発達しています。平らに割れやすく、これが岩塊流や化石周氷河斜面を発達させた要因のひとつだと思われます。

アセビの丘の溶結凝灰岩の露頭。ここでは、柱状節理が見られる

やく岩がまばらになります。斜面に散在する岩は、次に訪れる氷期までここでお休みです。

岩塊流の上は広い尾根で、ミズナラに、リョウブやウリハダカエデなどが混じった美しい森をつくっています。尾根を南へ進みます。道はゆるくなり、尾根には高い木がなくなってアセビばかりになります。地面には、アスヒカズラが群生しています。

山上庭園を過ぎ、ほとんど平らな道を進むと展望の広がる「アセビの丘」です。もうここは、下界とは隔絶された山上の世界。目の前に、段ヶ峰からフトウガ峰へのゆるやかな稜線が雄大です。少し下って登り返すと杉山への分岐があります。5分も登れば杉山（1088m）なので寄ってみましょう。丸くて見晴らしの良い山頂です。

分岐に戻り、段ヶ峰をめざします。自然林の中を下り、コルから登り返します。急な傾斜が少しずつゆるくなって山上の平らなところに出ます。ササの広がる道を進むと三角点（1103.4m）、その先が段ヶ峰の山頂です。山頂からは、あたりがぐるりと見渡せます。後山から三室山、そして氷ノ山。笠形山、千ヶ峰…、まだまだいくらでも見えます。

杉山山頂から望む段ヶ峰からフトウガ峰への稜線

フトウガ峰山頂へ

Stop2 段ヶ峰山頂からフトウガ峰（右）へ
と続く化石周氷河斜面

　ここから、フトウガ峰までほとん
ど起伏のない高原が続いています
Stop2。山頂部に、このような
平坦な面が広がるには理由がありま
す。岩石の割れ目に入った水は、凍
ると体積が大きくなって岩石を割り
ます。氷期には、このようなことが
さかんに起こり、高いところの岩石
は割れ落ちて低いところを埋めま
す。その結果、平らな地形ができる
のです。このような地形を化石周氷
河斜面といいます。

　フトウガ峰まで片道30分ほどの高
原歩きを楽しみましょう。ササ原の
中の道を、風を受けながらどんどん
歩きます。雑木林に入り、いったん
下ってからひと登りすると、ササと
アセビの広がるフトウガ峰（1082m）
です。

　山頂の先に岩がひとつだけ見えま
す。烏帽子のような形の岩で、板
状節理が発達しています Stop3。
ここで、割れ落ちた岩を観察しま
しょう。カルデラ噴火による火砕流

Stop3 烏帽子型の大岩。板状節理が発達してい
る（食事中のところを撮影させていただきました）

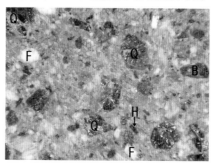

大岩の溶結凝灰岩（横16㎜、Q：石英、F：長石、
B：黒雲母、H：角閃石）

でできた溶結凝灰岩です。多くの石
英・長石と、少しの黒雲母・角閃石
の結晶をふくんで強く溶結していま
す。千町岩塊流も段ヶ峰も、これと
同じ岩石です。

　下山は、段ヶ峰と杉山の間のコル
から大谷登山口へ下ります。森林基
幹道を2km歩くとスタート地点へ戻
ります。

●所要時間／約4時間
●地形図／「音水湖」
●アクセス／マイカー…二ツ橋のそばに駐車スペース

斑れい岩

山頂は地下深くでできた

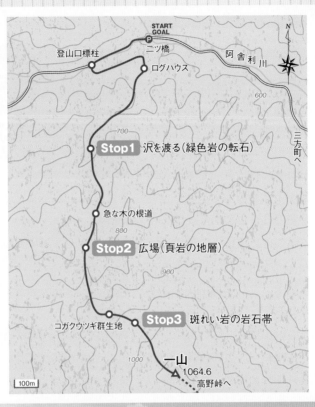

START GOAL
P
二ツ橋
ログハウス
登山口標柱
阿舎利川
600
三方町へ
700
Stop1 沢を渡る（緑色岩の転石）
急な木の根道
800
Stop2 広場（頁岩の地層）
900
コガクウツギ群生地
Stop3 斑れい岩の岩石帯
1000
一山
△ 1064.6
高野峠へ
N
100m

山頂からの展望（三久安山（中央）と藤無山（右）、
左奥に氷ノ山。地面の斑れい岩は、表面が酸化
によって赤茶けていることが多い）

Stop1 沢で見る緑色岩の転石

Stop2 広場の頁岩の露頭

　周囲を深い谷に囲まれた一山（ひとつやま）（1064.6m）は、丸い帽子をかぶったような形をしています。二ツ橋からのコースは、森の景色や地質の変化を楽しめるコースです。

　二ツ橋そばの阿舎利山（あじゃりやま）登山口に車を止め、歩き始めます。車道を西に進むと、すぐ一山の登山口です。はじめは広い道で、春にはクリンソウが咲いています。ログハウスから細い山道に入ります。コナラ林の道には、褐色の頁岩（けつがん）が落ちています。アカマツの根の下に頁岩の地層が見えるところもあります。

　左下から沢の音が聞こえ始めます。地層は、頁岩から緑色岩に変わります。この緑色岩には石英脈が入っていて、道で石英のかたまりをときどき見かけるようになります。

　スギ林に入り、出合った沢に沿って進むと、その流れを渡るところがあります。沢に転がっている緑色岩を観察しましょう Stop1 。緑色岩の色は、名前の通りの緑色のほか、赤茶色のものもあります。大きな結晶をほとんどふくまない緻密な岩石です。緑色岩は、単に緑色をした岩石をいうのではありません。海底で噴出した玄武岩や玄武岩質凝灰岩が弱く変成した岩石をいいます。変成によって緑泥石（りょくでいせき）や緑簾石（りょくれんせき）など、緑色の鉱物ができているので、岩石が緑を帯びて見えるのです。

　沢を渡りスギ林を登っていきます。足元にはフタリシズカが咲いています。再び、頁岩の地層が現れます。あたりは雑木林に変わり、急な木の根道を登っていきます。アセビの枝葉を分けて進むと広場に出ます。

　広場の崖で、頁岩の地層が見られます Stop2 。赤褐色に風化した頁岩は地表からどんどん壊れ、砂礫

Stop3 斑れい岩の岩石帯

となって崖の下にたまっています。頁岩は、海の底に泥がたまってできた岩石です。

　広場の上は、ミズナラやコナラ、リョウブなどの林。ミズメの白っぽい木肌が際立っています。地層は、頁岩から再び緑色岩になったあと、斑れい岩に変わります。

　道の傾斜がゆるくなったところ

は、コガクウツギの群生地です。5〜6月、花（装飾花）があたりを白く染めます。

　道が急になって伐採地に入ると、大小の岩が地面から飛び出したとこ

粗粒斑れい岩中の異剥輝石
（写真中央、異剥輝石の長さ22㎜）

コガクウツギ

細粒斑れい岩。岩を割って出した新鮮な面（横9cm）

斑れい岩。輝石や角閃石より斜長石の方が風化しやすいので、ぶつぶつした外観になる（横12cm）

舞鶴帯の地層

　舞鶴帯は、福井県から広島県にわたって東西に連続する地質帯です。北帯・中帯・南帯の三つに分けられています。一山に分布しているのは、中帯の舞鶴層群と南帯の夜久野岩類です。さまざまな岩石学的な研究によって、舞鶴帯は小さな大陸(北帯)と海洋性島弧(南帯)、その間の海の地層（中帯）が衝突して日本に付け加わったと考えられています。

ろがあります Stop3 。岩は斑れい岩で、主に輝石や角閃石と斜長石から成っています。ここで見られる斑れい岩は結晶が大きく、裂開（特定の方向に割れる性質）が発達した異剥輝石（いはくきせき）をふくんでいます。異剥輝石は大きいもので長さが5cmもあって、裂開面が真珠のような光沢

で光っています。

　ここまで一山で見られたのは、舞鶴帯の地層や岩石です。頁岩や緑色岩は、ペルム紀〜三畳紀に海底でできた地層（舞鶴層群）。斑れい岩は、夜久野岩類と呼ばれているものの一つで、今の小笠原諸島やマリアナ諸島のような海洋性島弧の下部地殻でできたと考えられています。

　山頂は大きく展望が広がっています。北に阿舎利山（あじゃりやま）が近く、三久安山（さんきゅうあんざん）を挟んで藤無山。西には、植松山から三室山へと続く稜線。その向こうに、後山やダルガ峰（なる）、遠くに東山（とうせん）も見えます。

　下山は、来た道を戻ります。マイカーが複数台なら、はじめに高野峠に車を止めておいてそちらに下ることもできます。ミズナラやクリ林の美しいルートです。

20 ダルガ峰（宍粟市・岡山県西粟倉村）

なる

玄武岩
岩塊流
ストーンサークル

- 所要時間／約4時間
- 地形図／「西河内」
- アクセス／マイカー…ちくさ高原スキー場に駐車場

播磨でただ一つの火山から謎の石柱群へ

N
800
岡山県
西粟倉村
900
ストーンサークル
入口
Stop3
ストーンサークル
林道へ
避難小屋
1135
1000
分岐

Stop1
「ダルガ峰登山口」標柱
岩塊流1へ
START GOAL P
P
花崗岩と真砂
ちくさ高原スキー場
岩塊流2へ
玄武岩溶岩流の上面へ
植林帯入口
Stop2
溶岩流の上の平らな道
1100
1000
900
宍粟市

林道ダルガ峰線

ダルガ峰
1163
（駒ノ尾へ）
（河内へ）

岩塊流
山頂部平坦面（玄武岩溶岩流の上面）

300m

ちくさ高原スキー場
（一番右のメルヘンコースを登る）

兵庫県には、但馬地域に鮮新世〜更新世に活動した火山があります。氷ノ山、鉢伏山、神鍋山などがそうです。約２万年前に噴火した神鍋山は、噴出したスコリア（玄武岩質の黒っぽい軽石）が火口付近に積もり、いかにも火山らしい円錐形をしています。では、播磨に火山はあるのでしょうか。それがひとつだけあります。宍粟市と岡山県境のダルガ峰（1163m）です。

ちくさ高原スキー場からダルガ峰に登り、謎の石柱群「ストーンサークル」まで足を延ばすコースを紹介します。

スキー場の一番北、メルヘンコースを登っていきます。草地を登っていくと、コースの右端に岩が積み重なっているのが見えます。入りやすいところから、山に踏み込んでみましょう **Stop1**。そこには、角がとれて丸くなった岩が斜面を広くおおっています。岩の多くが数十cm

真砂の中に残る花崗岩

から１mぐらいですが、大きいものでは２mを越すものもあります。岩はすべて玄武岩です。この岩塊流は、幅が広いところで100m以上もあり"岩海"といった方がいいのかもしれません。岩をおおうコケに木漏れ日が射し、美しい緑の光景をつくっています。

火山とは

白亜紀後期の火山噴火による溶岩や溶結凝灰岩などでできた山は、笠形山や暁晴山などいくらでもあります。しかし、これらは火山ではありません。火山噴火によってできた地形は侵食されてとっくに失われているからです。火山とは、火山噴火によってできた地形のことをいいます。

火山の中で、「おおむね過去1万年以内に噴火した火山及び現在活発な噴気活動のある火山」を活火山といいます。活火山は、日本に111ありますが（2021年現在）、兵庫県にはありません。

Stop1 岩塊流1（岩海ともいえる幅の広い岩塊流）

岩塊流２。玄武岩の岩塊はどれも丸みを帯びてコケにおおわれている

　コースに戻り、さらに登ります。２つのコースが合流するあたりの崖で、花崗岩が風化した真砂(まさ)と、その中に残る花崗岩を見ることができます。

　草の斜面はゆるくなったり急になったりして上っています。ここでスキーをしたことのある人なら、よく知っている斜面です。再びコースの右端に岩が積み重なっているのが見えます。ここにも、少し踏み込んでみましょう。今度は、岩が筋状に並んだ岩塊流です。スキー場をつくるときに多少は動かされた可能性がありますが、ほぼ自然の姿だと思われます。

　急な坂を登り切ってリフト乗り場が近づくと、平らな草地が広がっています。玄武岩溶岩の上に出たのです。ダルガ峰火山の噴火は、約520万年前（西来邦章ほか2012）。花崗

岩の上に溶岩が流れて平らな地表をつくりました。山上に広がる平坦な面は、そのときできた火山地形なのです。長い年月の間に、この溶岩は端から壊れて下へ落ち、一部は先ほど見たような岩塊流をつくりました。

　リフト乗り場のうしろの道標「後山．駒ノ尾」から植林帯へ入ります。スギ林の中に、道がほとんど平らに延びています Stop2 。林床には、トウゲシバがじゅうたんのように広がり、その間にタニギキョウが小さ

Stop2 スギ林の中の平らな登山道

林床に咲くタニギキョウ

ダルガ峰山頂

岡山県側からダルガ峰を望む

Stop3 ストーンサークル

ダルガ峰の玄武岩。緑色の粒はかんらん石の斑晶（写真 横10mm）

な花をつけています。

　スギが途切れ、オオイタヤメイゲツやナナカマドの林に入ると分岐があります。分岐を南に進むとすぐにダルガ峰の山頂です。ブナの木の下に「宍粟50名山」の標柱が立っています。ずっと平坦な地形が続いていて、標柱がなければここが山頂だとは気づかないほどです。

　分岐に戻り、そこから岡山県側に進みます。伐採地に入ると展望が開け、那岐山や沖ノ山、東山が見えます。避難小屋を過ぎてゆるく下ると林道へ出ます。林道を少し北に進むと、「ストーンサークル　謎の石柱群」の標識が立っているので、ここから下っていきます。10本ほどの石柱がやや乱れた馬蹄形に並んで立っているのがストーンサークルです Stop3 。石柱はダルガ峰火山の玄武岩。六角柱の形は、柱状節理によるものです。岩に加工の跡はありません。問題は岩の配列。自然に並んだものなのか、人の手で並べられたものなのか。どちらも確証が得られていません。謎は謎としていろいろと想像するのが楽しいのかもしれません。

　下山は、来た道を下ります。スキー場は、どこでも好きなコースを下ることができます。

21 国見山（宍粟市）
くにみやま

超丹波帯
国見の森公園
比地の滝

- ●所要時間／約3時間30分　●地形図／「安志」
- ●アクセス／電車＆バス…ＪＲ姫新線「播磨新宮」駅から神姫バス山崎方面行きで「城下」下車、徒歩20分
　　　　　　　マイカー…国見の森公園交流館前に駐車場

山頂展望台から山崎断層を見る

実りの森分岐
450
国見山
465
Stop2 山頂展望台
花の谷
山上歩道
金谷山部古墳分岐
学習館
350
400
実りの森分岐
ハイキング道2号線
山頂展望台まで0.7km標柱
250
ハイキング道1号線
ミニモノレール
300
七本松休憩所
頁岩とコケ類
長谷山遊鶴寺跡分岐
Stop1
最初の露頭
（砂岩と頁岩）
地衣類
200
Stop3
比地の滝
交流館
P START
GOAL
100m
N

国見山

Stop1 砂岩（山崎層）の露頭

Stop1 頁岩（山崎層）の露頭

　宍粟市の国見山（465m）は、「兵庫県立国見の森公園」として整備されています。山麓の交流館で散策マップをもらい、登山届を出して出発です。

　登山らしさを味わえる「ハイキング道2号線」を登ります。登山口からすぐに最初の露頭が現れます Stop1 。まずは、褐色の中粒砂岩。硬くて、不規則に（あちこちの方向に）大きく割れています。そこからわずか2m離れると、黒色の頁岩（けつがん）に変わります。頁岩は、薄く平らに割れています。国見山で見られるのは、この砂岩と頁岩です。不規則に大きく割れているなら砂岩、薄く平らに割れているなら頁岩と判断できます。

　国見山のこの地層は、超丹波帯（ちょうたんばたい）の山崎層です。超丹波帯は、舞鶴帯と丹波帯に挟まれた地帯で、山崎層は古生代ペルム紀の地層だと考えられています。

　先に進みます。2号線では、砂岩より頁岩の方が多く見られます。曲がり角に、大きな頁岩の露頭があります。コケ類や地衣類は、頁岩の平らに割れた面よりギザギザした断面の方がつきやすいので、緑と黒のおもしろい模様をつくっています。

　ミニモノレールのレールと出合ったところに、七本松休憩所があります。7本の松が生えていたからこの名です。スギ林に入ってゆるく下り、沢を渡ります。再び自然林に変わり、尾根の丸太階段を急登します。コナラ、アベマキ、アカマツ、ソヨゴなどの林。よく手入れがされていて、台風で倒れた木が切られ、新しい苗が植えられています。明るい林に、

頁岩とコケ類・地衣類がつくる模様

夏はキビタキやクロツグミの声が響きます。

傾斜がゆるくなり金谷山部古墳分岐を過ぎると、木造2階建の展望台に達します。ここが、国見山の山頂。展望台に上れば、あたりがぐるりと

山頂展望台。左手前のオレンジ色の土は砂岩が風化してできている

山崎断層帯

山崎断層帯は、**下図**のように区分されています。主部北西部で起こった大きな地震としては、868年のM（マグニチュード）7程度と推定されている「播磨国地震」が一番最近です。この地震について、平安時代の史書『日本三代実録』に、「播磨国で郡役所や定額寺のお堂や塔がことごとく崩れ倒れた。京都の御所内外の石垣や家屋でも被害があった」と記されています。過去の地震の記録から、南海トラフでの巨大地震が近づいてくる時期には内陸部の大地震も起きやすい傾向があるので、山崎断層帯も注意が必要です。

見渡せます。眼下に宍粟市山崎町の市街地が広がり、揖保川が向こうの山際を流れています。中国自動車道がまっすぐ東へ延びているのは、周囲の山並みを断ち切るように発達した谷です。この谷をつくったのが山崎断層です Stop2 。

山崎断層は、正確には「山崎断層帯」といい、岡山県東部から兵庫県南東部に延びている活断層です。国見山から見えるのは、山崎断層帯の中の安富断層と暮坂峠断層。これらの活断層は、地震のたびにずれ動いて岩石を壊し、「断層破砕帯」をつくりました。断層破砕帯は軟弱で侵食されやすく、それによって長く直線的な谷ができたのです。中国自動車道が延びているのが安富断層、その南の直線的な谷をつくっているのが暮坂峠断層です（**左図**）。

展望台の下で、風化

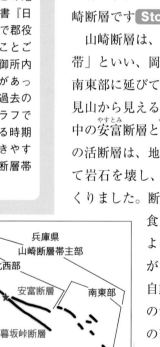

鳥取県
兵庫県
山崎断層帯主部
北西部
那岐山断層帯
国見山☆
安富断層
南東部
暮坂峠断層
岡山県
○姫路
草谷断層

図 山崎断層帯

安富断層
暮坂峠断層

Stop2 展望台から見る安富断層と暮坂峠断層

ミニモノレールの車内

砂岩

頁岩

頁岩の中のレンズ状の砂岩。このように砂岩がレンズ状になって頁岩中に取り込まれているところがある

Stop3 比地の滝。山崎層の砂岩の地層にかかっている

したオレンジ色の中粒砂岩が見られます。山上歩道を歩くとミニモノレールの山上駅に着きます。2輌連結のミニモノレールは森の木々をぬって山を下り、18分でスタート地点の交流館へ運んでくれます。車内からシカが見られるかもしれません。傾斜38度は、モノレールとしては日本一の急勾配だそうです。

「ハイキング道1号線」の広い道を歩いて下ります。道の山側の崖には、頁岩と砂岩が交互に現れます。頁岩は、つやがある粘板岩（ねんばんがん）という方がよいものが多くなります。砂岩は、硬く緻密です。

交流館まで下ったら、名勝「比地（ひじ）の滝」へ足を延ばしましょう。谷川に沿った遊歩道を5分ほど歩くと、落差12m、一筋の白い流れが勢いよく落ちる滝の前に出ます Stop3 。滝をつくっているのは砂岩。硬い砂岩ですが割れやすく、縦に大きく割れ落ちたところに滝がかかっています。割れ落ちた岩は滝の下に重なっ

て段をつくり、その上を水が飛び跳ねながら流れ下っています。

22 飯野山城跡 （佐用町）

いいの やまじょうせき

舞鶴帯
斑れい岩
鉱山跡

●所要時間／約2時間30分　●地形図／「上月」
●アクセス／電車…智頭急行「久崎」駅から徒歩5分
　　　　　　マイカー…久崎駅周辺に駐車場

斑れい岩の城跡と鉱山跡を歩く

GOAL
太田八幡宮
150
Stop3
鉱山跡
円光寺
373
100 150
曲輪北端
飯野山城主郭
三角点　223.5
笹ヶ丘公園
佐用三
100
Stop1
花崗岩に取り込まれた
斑れい岩
150
200
250
300
○ 飯野山城跡
100m

高倉山城跡へ
分岐
Stop2
レッドチャート
平谷峠
飯野山城跡
久崎トンネル
大避神社
石段
START
千種川
智頭急行
久崎駅

飯野山城跡を笹ヶ丘公園より望む

Stop1 花崗岩に取り込まれた斑れい岩（ちょうどコケの生えていないところに見られる）

佐用町久崎の千種川と佐用川が合流するところに飯野山城跡があります。

智頭急行久崎駅から徒歩5分で、大避神社の鳥居に着きます。ここが、飯野山城跡の登山口です。鳥居をくぐり、コンクリート道を登ります。道の法面には、斑れい岩の露頭が続きます。舞鶴帯夜久野岩類の斑れい岩です。

道を何度か大きく折れて登っていくと、石段の下に出ます。まっすぐに続く石段を登り切ったところに大きな岩が積み重なっています。一番上の岩におもしろい模様が見られます。白い花崗岩の中に、黒い斑れい岩がモザイク状に入っているのです **Stop1**。これは、斑れい岩の中に花崗岩をつくったマグマがあとから貫入し、周囲の斑れい岩のかけらを取り込んで固まったものです。

石段の上から、岩の並ぶ参道を進みます。あたりは、分布の限られているコヤスノキも生えている豊かな林。木漏れ日が岩をおおうコケを照らして神々しく、その先に大避神社が佇んでいます。

神社の右脇から細い道を登ると、斑れい岩の大きな岩体が急な斜面に飛び出しています。岩体には大きな割れ目がいくつも入り、そこから割れ落ちたり、一部が塔のように残っていたりします。ここで新鮮な斑れい岩を観察することができます。斑れい岩中の黒い鉱物は主に角閃石、白い鉱物は斜長石です。

その上にも岩がずっと続きます。道は落ち葉に隠されがちですが、岩を縫って上を目指します。岩が途切れ、傾斜がしだいにゆるくなってくると、城跡南端の三角点（223.5m）に達します。

飯野山城は、平安末期の嘉応年間（1169〜71）に築かれたと伝え

大避神社参道。両側の岩は斑れい岩

飯野山城主郭跡。「飯野山城」の標柱が立つ

鉱山跡で鉱物を見つけよう

　播磨の山を歩いていると、小規模な鉱山跡に出合うことがあります。周辺には、採掘されたものの利用されずに捨てられたズリと呼ばれる石がしばしば見られます。このズリをハンマーで割ると、いろいろな鉱物を見つけることできます。ここで見られる閃亜鉛鉱や黄銅鉱などの鉱石のほか、水晶や蛍石などの鉱物も見つかることがあります。鉱山跡に出合ったときにはチャレンジしてみましょう。

城跡はヒノキにおおわれて展望はありませんが、曲輪の北端に立つと木々の間から周囲の山々やふもとを流れる佐用川が見えます。

　城跡からの下りは急傾斜で、ロープが張られています。下り切ったところが平谷峠。峠の少し手前で、岩石は頁岩に変わります。超丹波帯上月層の地層です。ここから頁岩の地層が続きますが、緑色岩やチャートが挟まれています。平谷峠を過ぎる

登山道で見られる上月層の頁岩

られています。曲輪が山頂部に南北400mも続く大きな構えで、東西は厳しく切れ落ちています。三角点のある南端の曲輪には、長方形の石組みが残されています。帯曲輪の巡らされた中央の曲輪が主郭で、ここに「飯野山城」の標柱が立っています。

Stop2 レッドチャートの露頭

Stop3 鉱山跡

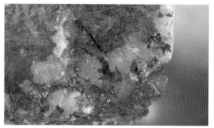

鉱山跡で採集した閃亜鉛鉱（せんあえんこう）。石英脈中の黒くて金属光沢がある鉱物（写真横2.2cm）

と赤紫色の緑色岩が現れます。緑色岩は、海底に噴出した玄武岩や玄武岩質の凝灰岩が弱く変成した岩石です。名前の通りの緑色以外に、ここで見られるように赤っぽい色をしていることもよくあります。

　その先にはレッドチャート（赤いチャート）が現れます Stop2 。

　高倉山城跡分岐を過ぎスギ・ヒノキ林を下ります。このあたりは道が落ち葉に消えているので、注意が必要です。尾根が切り取られたところ

Stop2で採集したレッドチャート（横7.3cm）

に、「銅鉱山跡」の標識が掛かっています Stop3 。規模から考えて、試掘程度だったようです。母岩は、緑色岩と白い石英脈の入ったレッドチャート。周辺にズリが広がっているので、ズリを割って鉱石を探してみましょう。閃亜鉛鉱や黄銅鉱などが見つかるかもしれません。

　鉱山跡を西に登ったピークには小さな祠。そこから、つづらに折れた山道を下ると太田八幡宮があります。拝殿は頁岩の岩盤の上に立っています。石段を下るとゴールの鳥居です。ここから、国道を20分歩けば久崎駅に戻ります。

23 屏風岩・鶴嘴山 (たつの市)

びょうぶいわ　つるはしやま

岩脈
柱状節理
大住寺湿原

- ●所要時間／約3時間　●地形図／「龍野」
- ●アクセス／電車…JR姫新線「東觜崎」駅から徒歩10分
  （古宮天満神社がスタート・ゴール）
  マイカー…大源寺鶴嘴山里公園林間広場に駐車場

天然記念物の岩脈の頂に立つ

たつの市
姫路市

263.0

Stop3 大岩盤
大岩盤
分岐
タイコ岩

200m
ピーク

分岐

觜崎の屏風岩

展望岩
Stop2 鶴嘴山
168
Stop1
大岩盤

揖保川

林間広場
START
GOAL

奥池

皿池

大住寺湿原

古宮天満神社
觜崎摩崖仏

JR姫新線

觜崎橋

JR東觜崎駅へ

100m

觜崎の屏風岩

「觜崎の屏風岩」（国天然記念物）は、たつの市新宮町の鶴觜山（168m）の西斜面に立っています。一部が樹林におおわれていますが、揖保川の川底から鶴觜山の山頂まで、高さ最大12m、幅5〜7m、全長140mにわたって、切り立った岩肌を露出させています。

これは、大地の割れ目に入りこんだマグマがそのまま冷えて固まった「岩脈」です。この岩脈は、周囲の岩石より硬いため、風化・侵食から取り残され、屏風を立てたように地表に突き出ているのです。

鶴觜山に登り、下山後に大住寺湿原を巡るコースを紹介します。

皿池西の林間広場から南に20分ほど歩くと、觜崎橋のたもとに着きます。揖保川左岸の「觜崎の摩崖仏」を見て、古宮天満神社の石段を登ります。神社の左が、もう切り立った岩尾根です。ヒトツバの群生が続く尾根を進み、墓地を抜けると雑木林

Stop2 屏風岩の頭頂部

に入ります。左にはずっと切り立った崖が続き、揖保川を渡って吹き上がる風が涼しく感じられます。

やがて、稜線をおおう大きな一枚岩が現れます **Stop1** 。道は岩の下に続いていますが、そのまま岩の上を登っていくことができます。ここで見られるのは、うすい褐色の火山礫凝灰岩です（白亜紀後期伊勢層）。硬い流紋岩の火山礫が岩から飛び出して、岩肌がごつごつしています。

一枚岩は、途中からせり上がるように急傾斜になります。両手も

Stop1 鶴觜山山頂への岩盤

屏風岩の頭頂部で見られる柱状節理

鶴嘴山山頂より見る「釈迦の寝姿」

使って登っていくと、高台に出ます。その先にそびえ立つ高さ10m以上もある大岩が屏風岩の頭頂部です **Stop2**。

　この岩の上が鶴嘴山の山頂です。岩脈の幅は、ここでは約5m。貫入

面に垂直に柱状節理が発達し、長細い岩石が横に積み重なっています。この柱状節理は、貫入したマグマが冷え固まると体積が小さくなるためにできたものです。

　国の天然記念物に指定されている屏風岩はハンマーでたたけません。近くに割れ落ちている岩で観察してみます。屏風岩は、デイサイトでできています。薄い緑色の石基の中に、石英と長石の斑晶が見られます。黒

風土記の中の屏風岩

　鶴嘴山は『播磨国風土記』(715年頃)では、「御橋山」として登場します。それには、「大汝命(おおなむちのみこと)が、俵を積んで橋を立てた。山の石が橋に似ているので、御橋山と名づけた」とあります。橋は、はしごの意味です。山頂へかけ上がる岩脈の姿や、岩脈の柱状節理は、そのまま俵を積み重ねたはしごのように見えます。古代の人々も屏風岩に注目し、その観察力の確かさからこの伝承が生まれたのだと感じます。

登路より望む263.0mピーク(右)

Stop3 タイコ岩を登る

タイコ岩の上の丸い岩

大住寺湿原のハラビロトンボ

大住寺湿原のホザキノミミカキグサ

雲母と角閃石も少しふくまれています。

　眼下には揖保川がゆるく流れ、その向こうに山の稜線がつくる「釈迦の寝姿」が見えます。鉄橋を渡る電車は、まるでおもちゃのようです。

　鶴嘴山から尾根を北へ進みます。標高200mピークを越えて、いったん下ったあと登り返すと再び大きな岩盤が現れます　Stop3 。火山礫が飛び出しているために表面がごつごつしています。岩盤の上の方では火山礫（径2〜64㎜）より大きな火山岩塊（径64㎜以上）が多くなります。この岩盤は、ふもとから見ると丸く大きく稜線から飛び出していて、「タイコ岩」と呼ばれています。一番上には、大きな岩がいくつも重なっていますが、そのうちの一つが太鼓のように丸いのもおもしろい！

　この先にも大きな岩盤が現れたり、道に流紋岩の岩脈が見られたりします。263.0ｍ三角点は、雑木林の中です。最近では、ここを鶴嘴山の山頂とすることも多いようです。

　来た道を分岐まで戻り、細い道を林間広場へ下っていきます。大住寺湿原には、サギソウやイシモチソウ、イヌセンブリなどが季節ごとに咲きます。夏に訪れたときには、ハラビロトンボが飛び、ホザキノミミカキグサが咲いていました。

24 宮山（相生市）

みややま

流紋岩
カルデラ噴火
水晶

●所要時間／約2時間 ●地形図／「相生」
●アクセス／電車…JR「相生」駅から徒歩15分
　　　　　　マイカー…那波八幡神社に参拝者用駐車場

市街地近くの山で水晶探し

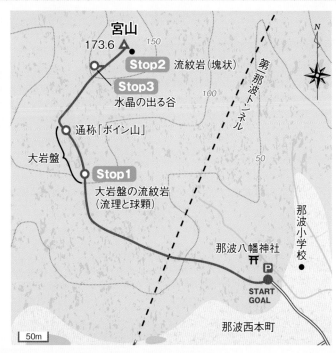

宮山
173.6
150

Stop2 流紋岩（塊状）

Stop3
水晶の出る谷

第二那波トンネル

100

通称「ボイン山」

大岩盤

50

Stop1
大岩盤の流紋岩
（流理と球顆）

那波八幡神社
⛩ P
**START
GOAL**

那波小学校 ●

那波西本町

N

50m

那波ポンプ場あたりから見る宮山

透明でキラキラ光り、きりっと平面で囲まれた水晶は、子どもたちの憧れの的。相生っ子たちが昔から、水晶探しで遊んできたのが宮山です。

宮山は、相生の市街地から見える標高173.6mの山です。那波八幡神社の境内左手の石段を登ると、そこから登山道が続いています。コナラやアベマキの下に、ウバメガシやカナメモチなどが生えた林をゆるく登っていきます。

林を抜けると、大きな岩盤に出ます Stop1 。尾根を広くおおう一枚岩で、120mにわたってゆるい角度で上へと続いています。岩は流紋岩で、流理による縞模様が見られます。流理は、マグマが冷えるときに流動した跡。また、大きさ数cmの球顆もふくまれていて、岩の表面は凹凸に富んでいます。

直射日光を浴びながら岩盤を登っていきます。流理が見えたり消えたり、球顆が多くなったり入っていなかったりと、流紋岩には変化が見られます。見上げると、岩盤の上に二つの高まりがあります。昔、子どもたちが「ボイン山」と呼んでいたところに違いありません。近寄ってみると、二つの高まりに向かって流理がかけ上がっているように見えます。岩は、流理に沿って薄く平行に

Stop1 流紋岩の岩盤。流理に沿って板状節理が発達している

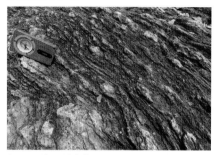

Stop1 流理が湾曲しているところがある

割れ（板状節理）、割れ口は薄いピンク色です。

岩盤の上に出ると、そこから道は平らになります。ウバメガシとソヨゴの林を抜けると、急な岩場が現れます。岩の上や間を、流紋岩が風化して砕けた砂礫がおおっています。この岩場を登ると宮山の山頂です Stop2 。山頂の流紋岩には、流理が見られず節理もありません。このような状態を塊状といいますが、節理の発達した部分より風化や侵食に強いのです。

山頂の南東側はこの岩におおわれていて、その上に立つと眺望が開けます。正面に、山頂の丸い天下台山。その右奥に、野瀬奥山、雄鷹台

105

通称「ボイン山」。流理が二つの高まりにかけ上がっているように見える

Stop2 宮山山頂。流理や球顆がほとんど見られない

山、五六見山と続く山稜が相生湾の入口で海に没しています。その相生湾は、深く湾入しています。相生湾だけではなく、このあたりの海岸線はどこも複雑に入り込んでいます。これは、大地の沈降による地形です。六甲山に近い播磨の東側は隆起していますが、西側は逆に沈降しているのです。

　さあ、それでは水晶を探してみましょう。山頂の少し下、尾根の西側に木々の途切れたところがあります。そこからふもとの山陽自動車道に向かって岩場が急傾斜で下っていますが、これが水晶の出る谷です **Stop3**。流紋岩に数本の石英脈が入り込み、この石英脈に水晶ができています。ここで水晶を見つける3つのポイントは、①石英脈のすきまにできている水晶を探す。石英脈を割るのにハンマーが必要です。②石英脈のすきまに詰まった粘土から水晶を探す。持ち帰った粘土を皿に移し、水を加えて押し洗いすると、その中から水晶が出てきます。③谷の下の方にたまっている砂の中から

山頂から相生湾を望む

Stop3 水晶の出る谷

粘土から取り出した水晶（左上の大きな水晶の長さ8.2mm）

採集した白い粘土

水晶を探す。これが、一番簡単な方法です。砂を少しずつ広げながら、ピカッと光るものを見つけます。

　急斜面ですべりやすいので、安全には十分に気をつけてください。気に入ったものを少しだけ採集しましょう。次に来た人たちも楽しめるように、採りすぎないようにするのが鉱物採集のマナーです。

　山頂から南東へ続く岩盤を下ると道があります。また、尾根を北へ下ることもできます。しかし、どちらも道が荒れているので、海から吹き上がる風を受けながら来た道を下りましょう。

カルデラの縁に貫入した流紋岩

　宮山の流紋岩は、室津や天下台山から続き、天下台山流紋岩と呼ばれています。この流紋岩の西には、赤穂層が広く分布しています。赤穂層は、白亜紀後期の大規模なカルデラ噴火によってできた地層です。カルデラができるとき、その縁に環状割れ目ができます。その割れ目に沿ってマグマが貫入し、固まったのが天下台山流紋岩だと考えられます（**下図**）。

図　赤穂カルデラと天下台山流紋岩。宮山の他に、本書で取り上げたビシャゴ岩、赤穂御崎の位置も示している（日本シームレス地質図V2（GSJ、AIST）を利用して作成）

25 ビシャゴ岩 （赤穂市）

●**所要時間**／約4時間　●**地形図**／「日生」「備前三石」
●**アクセス**／電車…JR赤穂線「備前福河」駅から徒歩10分
　　　　　　マイカー…福浦駐在所横に駐車場

播磨灘の展望広がる山上の岩へ

備前福河駅近くから望むビシャゴ岩（山頂のすぐ下）

Stop1 山すそを埋める崩落した岩塊

Stop2 花崗岩の露頭（節理から風化が進んでいる）

　JR赤穂線の備前福河駅近くから北西を望むと、岩壁が山腹を取り囲むように並んだ山が見えます。県境に位置するこの山（311m）の山頂のすぐ下にも岩が白く飛び出しています。この岩が「ビシャゴ岩」です。

　赤穂市は、今から8200万年前（白亜紀後期）の大規模なカルデラ噴火で生じた溶結凝灰岩などの火砕流堆積物の上にできた街です。噴火を起こしたマグマの一部は噴火後も地下で活動し、溶結凝灰岩に貫入したりマグマだまりで固まったりして花崗岩になりました。ビシャゴ岩をいただくこの山では、溶結凝灰岩と花崗岩のどちらも見ることができます。

　登山口から続いていた広い道は、やがて細くなって山道らしくなります。山の斜面にも道にも角張った岩

Stop 1で採集した花崗岩（左）とホルンフェルス（右）

カルデラの痕跡

　白亜紀後期には、播磨の各地でカルデラ噴火が起こりました。カルデラの地形は侵食されて残されていませんが、そのときの火山活動で生じた溶結凝灰岩などの火砕流堆積物やマグマが地下で固まった花崗岩が、今の地表に現れています。赤穂カルデラでは、カルデラを縁取る環状岩脈や、大地が陥没したときにできる岩屑なだれ堆積物が見つかっています。

がたくさん落ちています。道の横の崖を見ると、地中にもこれらの岩が積み重なっていることがわかります。上から崩れ落ちた岩が山すそに積み重なって緩やかな地形をつくっているのです。岩石の種類は、主に花崗岩（花崗閃緑岩）とホルンフェルスです **Stop1** 。

　花崗岩は、マグマが地下でゆっくりと冷え固まってできた岩石。ホルンフェルスは、変成岩の一種です。ホルンフェルスのもとは、ここでは溶結凝灰岩です。花崗岩をつくった

登路より見るビシャゴ岩（写真中央上）

小さな湿地のミミカキグサ

マグマが貫入したために、その熱によってホルンフェルスに変わりました。ホルンフェルスは、硬い岩ですが割れやすく山腹に急峻な岩壁をつくっています。

道を進んでいくと、右から沢の音がだんだん大きくなってきます。道がその沢に出る手前で愛宕神社からの道と合流します。分岐の少し上で、花崗岩の露頭を見ることができます Stop2 。

イノシシのヌタ場には「シシの湯」、崩落した大きな岩には「シシ岩」の標識が掛かっています。背たけを越すウラジロの間を登り、左に折れるとあたりに高い木がなくなって空が開けます。このあたりは、雨の後にしばらく水が流れ、小さな湿地をつくっています。夏には、ここにモウセンゴケやミミカキグサが花を咲かせます。

道はしだいに急になり、ウバメガシ林の中に入っていきます。道をつくるために切られた、ウバメガシやコナラ、ヒサカキなどの細い幹を

使って階段がつくられています。山の風景に溶け込んだ階段からは、道をつくった人たちの思いが伝わってくるようです。

山頂近くまで登ると、「ビシャゴ岩下廻り」の分岐があります。この分岐からゆるく下っていくとビシャゴ岩の真下に出ます。ビシャゴ岩は、青い空の下に圧倒的な大きさで屹立（きつりつ）しています。横に1方向、縦に2方向に節理が入り、そこから割れ残ったのが今の姿です。ビシャゴ岩を、下からぐるりと回りこんで登ると、岩の上に出ます Stop3 。

「ビシャゴ」とは、タカの仲間、ミサゴの地方での呼び名。岩の名は、この上でミサゴが捕らえた魚を食べ

ビシャゴ岩を見上げる

Stop3 ビシャゴ岩の上

ていたことに由来するといいます。
岩の上には絶景が広がっています。
海岸線の向こうに淡く光る播磨灘
は、空との間に薄い線を引き、その
線の手前に家島の島々が並んでいま
す。右から左へ、小松島、金子島、
三ッ頭島…。上島まで、20ほどの島
を数えることができます（**下図**）。

ビシャゴ岩の溶結凝灰岩。白い結晶が斜長石、
無色透明な結晶が石英、緑色で細長く伸びて
いるのが軽石のレンズ（写真横29mm）

ビシャゴ岩は、流紋岩質の溶結凝
灰岩でできています。強く溶結した
硬い岩石で、押しつぶされた軽石が
レンズ状となって同じ方向に並んで
います。

上の分岐から、標高311ｍの山頂

やその北の毘沙門山（312.8m）へ
も道がつけられています。毘沙門山
は、山名プレートも何もない三角点
だけの静かな山頂です。

帰路は、はじめの分岐から沢を渡っ
て、愛宕神社を通って下山します。

図 ビシャゴ岩から見た家島の島々

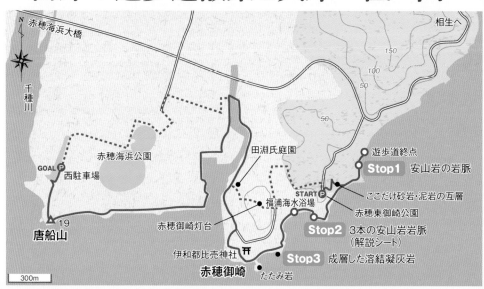

26 赤穂御崎・唐船山（赤穂市）

あこうみさき　からせんやま

カルデラ噴火
岩脈
恋人の聖地

- ●所要時間／約5時間　●地形図／「播州赤穂」
- ●アクセス／電車＆バス…JR赤穂線「播州赤穂」駅からウエスト神姫バス
  かんぽの宿赤穂行きで「東御崎」下車
  マイカー…赤穂東御崎公園駐車場　赤穂海浜公園西駐車場(有料、唐船山へ車で移動する場合)

海岸の遊歩道散策と兵庫一低い山

N
赤穂海浜大橋
相生へ
150
100
50
千種川
赤穂海浜公園
田淵氏庭園
遊歩道終点
Stop1 安山岩の岩脈
GOAL P
西駐車場
福浦海水浴場
START P
ここだけ砂岩・泥岩の互層
赤穂東御崎公園
△19
唐船山
赤穂御崎灯台
Stop2 3本の安山岩岩脈
（解説シート）
伊和都比売神社
Stop3 成層した溶結凝灰岩
赤穂御崎
たたみ岩
300m

Stop1 溶結凝灰岩に貫入した安山岩の岩脈

播磨灘を一望できる風光明媚な赤
穂御崎。ここは、「日本の夕陽百選」
や「恋人の聖地」にも選定されて、
観光客に人気のスポットとなってい
ます。海岸の遊歩道を歩き、兵庫一
低い山、唐船山（からせんやま）（19m）へ足を延ば
してみましょう。

赤穂東御崎公園から急坂を下る
と、海岸の遊歩道に出ます。はじめ
に遊歩道の終点まで移動し、そこか
ら南へ歩くことにします。終点あた
りには、暗灰色の硬い岩石が出てい
ます。デイサイト質の溶結凝灰岩で、
斜長石、石英、角閃石の結晶をふく
んでいます。

赤穂御崎で見られるこの地層（赤
穂層）は、今から8200万年前（白亜
紀後期）の大規模なカルデラ噴火に
よってできたものです。噴火によっ
て大量のマグマが地表に出ると、空
洞となった地下に大地が陥没してカ
ルデラができます。カルデラは、そ

Stop2 3本の安山岩の岩脈（赤い矢印）

のときの噴火によって火砕流や溶岩
に厚く埋め尽くされます。このよう
にして生まれた地層は、長い年月の
間に上部から削り取られていきま

カルデラとコールドロン

カルデラは、火山活動でつくられ
たくぼ地をさす地形の用語です。阿
蘇（あそ）カルデラや支笏（しこつ）カルデラなどが
有名です。カルデラは、長い年月
の間にその地形が侵食によって失
われます。地形は失われても、内部
には陥没した構造が残るので、こ
れをコールドロンといいます。

す。今地表には、そのときできた地
層のずっと内部が現れているわけで
す。白亜紀後期には、このようなカ
ルデラ噴火が播磨の各地で起こりま
した。その中でも赤穂カルデラは、
南北16km、東西21kmに広がる大
きなものでした。

遊歩道を少し進むと、幅2mほ
どの安山岩の岩脈が見られます

流紋岩質の溶結凝灰岩（白い粒は長石、灰色
～黒く見える粒は石英、白く細長く伸びてい
るのが軽石のレンズ）

Stop3 成層した溶結凝灰岩。円内はその偏光顕微鏡写真（直交ニコル、視野径5.3㎜）。視野の下半分は結晶片が大きく多い。上半分は結晶片が小さく少ない

Stop1 。そこだけ茶色くなっているのですぐにわかります。節理から風化が進み、硬い部分がタマネギを並べたように丸く残っています。遊歩道を進んでいきましょう。春は、岩場にトベラやシャリンバイが花を咲かせています。天気の良い日には、釣りをしている人も多く見られます。

溶結凝灰岩は、途中でデイサイト質から流紋岩質に変わります。石英の量がふえて、角閃石をふくまなくなるのです。

3本の安山岩の岩脈が、ほとんど垂直に入ったところがあります Stop2 。ここには、「赤穂コールドロンの痕跡」の解説シートが道に貼られています。シートのQRコードから、「赤穂コールドロン解説動画」と「赤穂市はカルデラの中にできた町だった」を見ることができます。

福浦海水浴場には、たくさんの小石が広がっています。海岸から崩れ落ちた岩が、波のはたらきで小さく丸くなったものです。小石の種類を調べると、この海岸がどのような岩石からできているかがわかります。

Stop3 あたりは、大きな岩が連続して海に張り出しています。岩には、見事な縞模様が見られます。

福浦海水浴場で拾った小石　（A：溶結凝灰岩 B：デイサイトや安山岩　C：流紋岩　D：砂岩や泥岩）

たたみ岩の岩間に生えるハマボッス

唐船山。溶結凝灰岩の南壁

これは、溶結凝灰岩がその中にふくまれている結晶片の大きさや量のちがいによって層をつくっているのです。「たたみ岩」は、潮が引くと陸続きとなって渡ることができます。夕陽に海が染まる光景が美しく、赤穂御崎を代表する名勝です。

　海岸を離れ、「大石名残の松石碑」や「伊和都比売神社」を見て、唐船山に向かいます。赤穂海浜公園の海側に広い道がついていますが、途中で砂浜に下りることができます。ハマヒルガオ、ハマボウフウ、ハマダイコンなどの海浜植物が、砂の上に咲いています。赤穂御崎から50分ほ

唐船山山頂

どで、唐船山に到着です。

　唐船山も溶結凝灰岩でできています。節理が発達していて、その割れ目から岩石が崩れ落ち海側に絶壁をつくっています。

　砂浜から細い道を登れば、標高19m、兵庫一低い山頂です。座礁した唐の船に土砂がたまって島となったという伝説が、山名の由来になったといいます。頂上で足踏みすると、「ドンドン」と埋まった船の空洞で反響するという言い伝えがあります。やってみましょう。帰路は、海浜公園の中を通り、赤穂御崎灯台にも立ち寄って赤穂東御崎公園へ帰ります。

たたみ岩（たたみ岩は小さな島。たたみ岩のように陸につながれた島を「陸繋島（りくけいとう）」、陸地と島をつないでいる砂州を「トロンボ」という）

27 家島（姫路市）

いえしま

丹波帯
メランジュ
家島神社

●所要時間／約6時間　●地形図／「真浦」
●アクセス／電車＆バス…姫路駅から神姫バス姫路港行きで「姫路港」下車
　　　　　　マイカー…姫路港駐車場
　　　　　　姫路港から定期船で真浦港へ

島の名所と海辺の岩を巡る

溶結凝灰岩と
メランジュ
砂岩
Stop1
九ノ間ノ浜
分岐の道標
城山
どんがめっさん
真浦港
START
アイランドハウス
いえしま荘
遊歩道入口
Stop2
メランジュ
花崗斑岩
108△
遊歩道入口
運動広場
海洋センター
家島（本島）
家島中学校
網手の
浜地蔵尊
網手港
チンカンドー
古墳
赤坂清水
宮港
GOAL
Stop3 天神鼻
流紋岩岩脈
天満霊樹
鳥居
家島神社
詩ヲ書キ場
鳥居
監館眺望
万体地蔵苑

300m

どんがめっさん

Stop1 九ノ間ノ浜東の岩場。
丹波帯の砂岩の地層

定期船で真浦港へ。真浦港の後方は城山

116

Stop1 九ノ間ノ浜西の岩場の溶結凝灰岩（押しつぶされたレンズ状の軽石が同じ方向に並んでいる）

Stop1 九ノ間ノ浜西の岩場の砂岩・泥岩のメランジュ（濃緑色の部分が泥岩、淡緑色で割れ目が発達しているのが砂岩）

　姫路港を出た定期船は、朝陽に染まる男鹿島を横に見ながら海の上をひた走り、真浦港へ着岸します。大小40余りの島々からなる家島諸島。その中の家島（本島）を紹介します。

　真浦港のすぐうしろにある大岩が「どんがめっさん」。主人の帰りを待ち続けた大亀が、いつしか石になってしまったと伝わる大岩です。じっと海を見てたたずむ姿は、漁に出た夫の無事を願う妻の姿と重なります。この大岩は、粒の大きさのそろっていない砂岩からできています。どんがめっさんの右から、民家の間の急な坂を登ると城山の上に出ます。眼下に家島湾、その向こうに瀬戸内海が広がっています。

　城山を西へ進み、道標のある分岐から「九ノ間ノ浜」へ下ります。入り江には小石が広がり、その両端に岩場が見えます **Stop1** 。東の岩場は、砂岩でできています。砂岩には割れ目が細かく入り、そこから風化が進んでいます。一方、入り江を渡っ

た西の岩場で見られるのは溶結凝灰岩です。強く溶結した硬い岩石で、岩の表面が明るいオレンジ色に変色して石英と長石の白い斑点が目立ちます。押しつぶされて細くなった軽石が同じ方向に並び、溶結凝灰岩の特徴をよく表しています。

　岩場を進むと、泥岩の中にレンズ状になった砂岩が挟み込まれた地層が現れます。もともと砂岩と泥岩の互層だったものが、付加したときの圧力で変形し、砂岩が破砕されて泥岩の中に入りこんだのです。このような地層をメランジュといい、付加体の地層によく見られます。メランジュは、フランス語で「混ぜる」という意味です。

　砂岩やこのメランジュは、家島本島の大部分を占めている丹波帯の地層。一方、溶結凝灰岩は白亜紀の火砕流によってできた地層で、家島（本島）ではおそらくここだけの分布です。両者の間には流紋岩の岩脈も見られて複雑ですが、それらの関係を

Stop2 泥岩に挟まれた層状チャート。
層状チャートは大きく変形している

詳しく調べるとおもしろそうです。

　九ノ間ノ浜をあとにしてもとの道に戻り、先に進みます。広い車道に車は少なく、メジロやヤマガラが木々を渡っていきます。アカシアの木を見てアイランドハウスいえしま荘を過ぎると、遊歩道の入口があります。遊歩道に入ると、森の中を擬木階段が海へとぐんぐん下っています。途中にベンチなども置かれた、よく整備された道です。海岸近くまで下ると、浜に出るところがあります。浜に立つと、左手に西島が横たわり、その稜線上にコウナイの石が見えます。この浜の両端も地層がよく観察できるところです Stop2 。

　北の岩場では、褐色に風化した泥岩の中に、砂岩とチャートが挟み込まれています（メランジュ）。チャートは層状チャートで、大きく変形していて見ごたえがあります。南の岩場でも、泥岩と砂岩が交じり合ったメランジュを見ることができます。

　遊歩道を進みます。夏の終わりには、道の脇にキツネノカミソリやツユクサが咲いていました。遊歩道から車道に出て、網手を通り過ぎて宮へ向かいます。赤坂清水を見て、集落を抜け家島神社をめざします。チンカンドー古墳は、横穴式石室に石棺とそのふたがそのまま残されています。監館眺望は、見晴らしの良い丘です。家島湾は青い水をたたえ、東には男鹿島と宇和島の間に太島・クラ掛島・上島が浮かんでいます。

　鳥居をくぐり石灯籠の間を進むと、家島神社の本殿です。神社にお参りしたあと、本殿手前の山道を下ります。あたりはスダジイの巨木やヤブニッケイ、ウバメガシ、カクレミノなどがうっそうと生えた森。天満霊樹と呼ばれている原生林です。森を下ると、正面に鳥居が立ちその向こうに海が広がっています。

　海辺に下りて、天神鼻へ歩いてみましょう。天神鼻の岸壁は流紋岩の岩脈でできています Stop3 。流紋岩には自破砕構造が見られ、流理がいろいろな方向を向いています。

監館眺望から見る家島湾。対岸の端は尾崎鼻

上島　男鹿島
クラ掛島　太島
宇和島
監館眺望から見る家島の島々

Stop3 天神鼻の岩場。流紋岩でできている

Stop3 天神鼻の流紋岩。自破砕構造によって流理がブロックごとにいろいろな方向を向いている

最後に、海辺に広がる小石を見たり集めたりしましょう。海岸の道を宮港まで歩き、定期船で家島をあとにします。

家島神社鳥居前の海辺の小石　①メランジュ（砂岩と泥岩が変形して混在、メランジュはもともと地質図スケールのものをいうが、これは小石スケール）②流紋岩　③花崗岩　④溶結凝灰岩　⑤泥岩　⑥砂岩　⑦緑色岩　⑧チャート

家島諸島の地形と地質

　家島諸島のように点々と海に島が浮かぶ地形を多島海といいます。島々の海岸線は、大きく湾入してリアス海岸をつくっています。多島海やリアス海岸は、大地が沈降することによってできた地形です。

　家島諸島は、**下図**のようにさまざまな地層でできています。男鹿島の大部分や高島、松島は花崗岩からできています。家島本島には、丹波帯の堆積岩が広く分布し、坊勢島の大部分や西島、院下島は溶結凝灰岩などの火砕流堆積物からできています。

図　家島諸島の地質

コウナイの石と石神

　家島諸島の海と空の風景に異彩を放つ2つの岩を紹介します。

　1つは、西島の小高い丘の上に立つ「コウナイの石」です。地形図には「頂ノ岩」と記され、「頂上石」とも呼ばれている高さ約8mの巨岩です。天気の良い日には、播磨灘を隔てた室津あたりからも遠望することができ、磐座（いわくら）として大切に守られてきました。

　西島は、白亜紀後期の火砕流によってできた溶結凝灰岩などでできています。コウナイの石の表面でも溶結凝灰岩の特徴を見ることができます。楕円形〜レンズ状の穴が同じ方向に並んでいますが、これは熱と重さで押しつぶされた軽石が粘土鉱物に変質し、その後に抜け落ちた跡です。コウナイの石は、岩体の中の硬い部分がコアストーンとして地表に残ったと考えられます。コウナイの石の周辺は、採石によって大きく切り崩されています。コウナイの石は、文字通りの崖っ

ぷちにやや西に傾いた姿で静かに立っています。

　もう一つは、上島（かみしま）の「石神」です。一見して人の顔に見えるこの岩は、岩の表面が直線的に切れ落ちて両目と鼻がつくられています。その顔は、裳裾（もすそ）のように斜めに傾いた岩の上に乗って、遠くを見つめているかのようです。『播磨国風土記』（715年頃）に次のような記述があります。「神嶋（かみしま）。伊刀嶋（いとしま）の東にある。神嶋というわけは、この島の西の辺に石神がいる。形が仏像に似ている。だから、この像によって島の名前とした。…」この中の「伊刀嶋」が家島諸島に、「神嶋」が上島に比定されています。石神をつくっているのは、硬いガラス質の溶結凝灰岩。風化に耐えて風土記の頃からあまり変化していないと思われます。岩には節理が発達し、節理から割れ落ちることによって姿が形づくられています。古代、風土記に記された石神は今も上島に立っているのです。

コウナイの石。縦に節理が発達している

上島の石神。海を向いて立っている

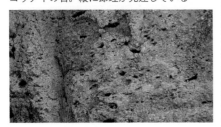
コウナイの石の表面。レンズ状の穴は、押しつぶされた軽石の抜け出た跡（溶結凝灰岩）

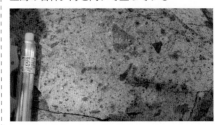
石神の表面。岩石片や押しつぶされた軽石、石英や長石の結晶が目立つ（溶結凝灰岩）

はりまの石を見分けよう

岩石の種類は、動物や植物の種類とは比較にならないほど少ない。それなのに、「石を見分けるのは難しい」のはなぜでしょう。

まず、同じ種類の岩石でも、一見するとまったく違って見えることがあげられます。流紋岩ひとつとっても、色は白・赤・黒とさまざまで、中に入っている鉱物の種類・大きさ・量もそれぞれ違っています。

次に、風化による変質です。岩石は表面から風化していくために色が変わったり、もろくなったりして、はじめとずいぶん違うように見えることがあります。

また、連続的に変化するため中間の岩石もあります。たとえば、泥岩と砂岩は粒の大きさで分けられますが、どちらともいえるようなものがあります。安山岩と玄武岩にも中間の岩石があります。

では、どのようにしたら見分けることができるようになるのでしょうか。

①岩石はきれいなところを見る

風化した面ではなく、内部の新鮮なところを見ます。そのためには、ハンマーで岩石を割るのが一番です。ハンマーがないときは、割れ落ちた新鮮な面をさがします。川原では、水の流れによって岩石の表面が磨かれているので観察しやすくなっています。

②逆に、風化した面を利用する

風化によって、岩石のつくりが強調され、かえってよくわかることがあります。溶結凝灰岩のレンズ状の穴は、押しつぶされた軽石が抜け落ちたもので、その岩石が溶結凝灰岩であることを教えてくれます。火山岩によく見られるマグマの流れた跡「流理」も、風化面の方がよくわかります。

③ルーペで見る

岩石は鉱物が集まってできています。ルーペで拡大して、岩石中の鉱物の種類と岩石のつくりを見ます。

④岩石のでき方を知る

岩石の分類はでき方に基づいているので、でき方を知ってその特徴を覚えます。岩石は、堆積岩・火成岩・変成岩の3つに大きく分けられます。

堆積岩

砂や泥、生物の遺がいなどが降り積もって固まった岩石。

【砕屑岩】 礫・砂・泥が海や湖に降り積もって固まった岩石。
礫岩 礫（粒の大きさ2mm以上）が固まった岩石。
砂岩 砂（粒の大きさ1/16〜2mm）が固まった岩石。表面がざらざらしていて、肉眼でも粒が見えることが多い。
泥岩 泥（粒の大きさ1/16mm以下）が固まった岩石。表面がのっぺりしていて、肉眼やルーペでは粒がほとんど見えない。

頁岩（けつがん）　泥岩が圧力を受けて、はがれやすくなった岩石。本のページ（頁）のように薄くはがれることから、この名前がつけられた。

【生物岩・化学岩】 生物岩は、生物の遺がいが海底に降り積もって固まった岩石。化学岩は、水中からある成分が化学的に沈殿してできた岩石。

チャート　放散虫という動物プランクトンの遺がいが海底に積もって固まった岩石。硬くて釘で傷がつかない。ふくまれる不純物によって、白・黒・赤・緑などさまざまな色のものがある。

石灰岩（せっかいがん）　サンゴやウミユリ・フズリナなどの遺がいが固まってできたものと、化学的に炭酸カルシウムが沈殿してできたものとがある。軟らかくて釘で傷がつく。

【火山砕屑岩（かざんさいせつがん）】 火山噴火によって放出された火山灰や火山礫、軽石などが降り積もってできた岩石。堆積岩ではなく、火成岩に分類されることもある。

凝灰岩（ぎょうかいがん）　火山灰（粒の大きさ2mm以下）が固まってできた岩石。

火山礫凝灰岩（かざんれきぎょうかいがん）　火山礫（粒の大きさ2〜64mm）を多くふくむ凝灰岩。

溶結凝灰岩（ようけつぎょうかいがん）※1　火砕流によって火山灰や軽石などが高温のまま積もり、熱と重さでくっつきあってできた凝灰岩。

軽石は押しつぶされてレンズ状を示すことが多い。また、火砕流に巻き込まれた周囲の岩石の破片をふくんでいることもよくある。白亜紀後期、大規模なカルデラ噴火が各地で起こった播磨では、特によく見られる。

ハイアロクラスタイト　溶岩が水中に噴出して急に冷やされ、砕けた岩石片が固まった岩石。

軽石凝灰岩（かるいしぎょうかいがん）　軽石を多くふくむ凝灰岩。

凝灰角礫岩（ぎょうかいかくれきがん）　火山岩塊（粒の大きさ64mm以上）をふくむ凝灰岩。

火山角礫岩（かざんかくれきがん）　主に火山岩塊からできた岩石。

火成岩

マグマが冷えて固まった岩石。

【火山岩】 マグマが地表か地表近くで急に冷えて固まった岩石。肉眼でも見えるほど大きな鉱物の結晶「斑晶（はんしょう）」と、その周りのほとんど粒が見えない部分「石基（せっき）」からなっている（斑状組織（はんじょうそしき））。

【深成岩】 マグマが地下深くでゆっくり冷えて固まった岩石。鉱物がゆっくり成長したため、一粒一粒が目で見えるほど大きい（等粒状組織（とうりゅうじょうそしき））。

　火山岩と深成岩は、岩石中のシリカ（SiO_2）の量によって下の表のように分けられる。

シリカ（SiO_2）の量	多 ←		→ 少
岩石の色	白っぽい ←		→ 黒っぽい
火山岩※2	流紋岩（りゅうもんがん）	安山岩（あんざんがん）	玄武岩（げんぶがん）
深成岩	花崗岩（かこうがん）※3	閃緑岩（せんりょくがん）	斑れい岩（はんがん）

変成岩

熱と圧力で変化した岩石。

【接触変成岩】 貫入してきたマグマの熱によって変化した岩石。

ホルンフェルス 泥岩や砂岩などが熱によって変化した岩石。緻密で硬く、ハンマーでたたくと角張って割れる。

結晶質石灰岩（大理石）[#] 石灰岩が熱によって変化した岩石。

【広域変成岩】 プレートの沈み込みなどによって地下深くまで持ち込まれた岩石が、熱と圧力によって変化した岩石。

緑色岩 海底で噴出した玄武岩や玄武岩質凝灰岩が弱く変成した岩石。緑泥石などができていて、緑色に見えることが多い。

粘板岩 頁岩がさらに強い圧力を受けて、薄く割れやすくなった岩石。緑泥石や黒雲母などの平たい鉱物ができていて、平行に並んでいる。泥岩や頁岩に比べると光沢がある。

千枚岩 粘板岩がさらに強い圧力を受けてできた岩石。雲母類が成長し、きらきらした絹のような光沢がある。

結晶片岩[#] 高い圧力を受けてできた変成岩で、平たい鉱物が平行に並び、この面に沿って割れやすい（片理）。また、数種類の鉱物が層をつくった縞模様が見られる（縞状構造）。

片麻岩[#] 結晶片岩よりさらに高い圧力や温度を受けてできた変成岩。鉱物の大きさが結晶片岩より大きく、縞状構造は示すが片理はなくなっている（片麻状組織）。

- #　播磨ではほとんど産出しない。
- ※1　火山礫がふくまれていると溶結火山礫凝灰岩というが、本書では単に溶結凝灰岩、あるいは火山礫をふくむ溶結凝灰岩としている。
- ※2　流紋岩と安山岩の中間の岩石を**デイサイト**という。
- ※3　花崗岩のなかまは、石英・斜長石・アルカリ長石の割合によって花崗岩、花崗閃緑岩、トーナル岩などに分類される。本書では、花崗岩と花崗閃緑岩を合わせて花崗岩と表している場合がある。

はりまの石 ミニ図鑑

礫岩（145mm）／姫路市香寺町／白亜紀須加院層／さまざまな大きさ（最大5cm）の丸い礫をふくんでいる。礫の種類は、砂岩や泥岩など

砂岩（100mm）／福崎町西田原／ジュラ紀丹波帯若井層／古い時代の硬い砂岩で、粒はほとんど見えなくなっている

泥岩（90mm）／神河町根宇野／白亜紀大河内層／粒が細かく、触るとすべすべしている。この泥岩は白いが、黒い泥岩も多い

頁岩（85mm）／姫路市香寺町／三畳紀〜ジュラ紀丹波帯南山層／一方向に割れ目が入り、そこから薄くはがれるように割れる

チャート①（100mm）／姫路市八丈岩山／三畳紀〜ジュラ紀丹波帯南山層／白いチャート。硬く、釘で引っかくと釘の方が削られて鉄の粉が線を描く

チャート②（73mm）／佐用町飯野山城跡／ペルム紀超丹波帯上月層／赤いチャート。硬く、ハンマーで割ると貝殻状の割れ口が現れる。ふくまれる鉄分が酸化されて赤くなった

石灰岩（125mm）／市川町石灰山／ジュラ紀丹波帯若井層／軟らかくて傷がつきやすい。食酢をかけると、泡を出してとける

凝灰岩（111mm）／姫路市麻生山／白亜紀四郷層／成層した凝灰岩で軟らかい。細かい火山灰が固まっている。火山ガラスが粘土鉱物に変わり、水がすっとしみ込む

火山礫凝灰岩（105mm）／姫路市上手野／白亜紀伊勢層／流紋岩、粘板岩、チャートなどの火山礫や軽石をふくんでいる。激しい火山噴火を物語っている

溶結凝灰岩①　姫路市小赤壁／白亜紀四郷層／軽石が熱と重さによって押しつぶされ、長くレンズ状に伸びている

溶結凝灰岩②　姫路市小赤壁／白亜紀四郷層／海辺の小石。レンズ状に押しつぶされた軽石がきれいな模様をつくっている

溶結凝灰岩③（100mm）／宍粟市段ヶ峰／白亜紀段ヶ峰層（仮）／レンズ状の軽石は目立たない。石英と長石の破片を多くふくんでいる

溶結凝灰岩④（5.5mm）／加西市長石採石場／白亜紀四郷層／偏光顕微鏡写真（直交ニコル）。弱溶結の軽石凝灰岩。押しつぶされた軽石が視野中央で横に長い。石英や長石は破片状

ハイアロクラスタイト（105mm）／高砂市竜山／白亜紀宝殿層／淡い緑色の基質の中に、濃い緑色の流紋岩の破片。軟らかく加工しやすいので、古代より「竜山石」として採掘されてきた

軽石凝灰岩（100mm）／姫路市桶居山／白亜紀宝殿層／標本の下部に、繊維状の火山ガラスでできた軽石が見える。そのほかに小さな軽石や火山礫や鉱物の結晶を多くふくむ

凝灰角礫岩／加西市善防山／白亜紀四郷層／火山岩塊（64mm以上）をふくんだ凝灰岩。火山岩塊が多くなると、火山角礫岩になる

火山角礫岩／姫路市蛤山／白亜紀伊勢層／火山岩塊が集まっている。火山岩塊のまわりを、それより小さな火山礫や火山灰が埋めている

流紋岩（78mm）／相生市金ヶ崎／白亜紀天下台山流紋岩／縞模様は、マグマの流れた跡を示す流理。溶岩のこともあるが、岩脈として産出することも多い

安山岩（95mm）／宍粟市黒尾山／白亜紀黒尾山層／斜長石の斑晶が目立つ安山岩。石基は灰色、緻密で硬い

玄武岩（91mm）／宍粟市ダルガ峰／新第三紀鮮新世ダルガ峰溶岩／黒い玄武岩。オリーブ色でころりと丸いかんらん石の斑晶が肉眼でも見える

花崗岩（花崗閃緑岩）（97mm）／赤穂市福浦／白亜紀塩屋岩体／主に石英（無色透明）、長石（白色）、黒雲母と普通角閃石（黒色）からできている

閃緑岩（石英閃緑岩）（62mm）／神河町鍛治／白亜紀寺前岩体／花崗岩より黒雲母や普通角閃石などの有色鉱物が多い。無色鉱物は斜長石が主（標本は山陽採石提供）

斑れい岩（117mm）／宍粟市一山／ペルム紀舞鶴帯夜久野岩類／主に、輝石と斜長石の大型結晶からできている。長さ5cmにおよぶ異剥輝石（いはくきせき）をふくんでいる

ホルンフェルス（130mm）／神河町南小田／ペルム紀超丹波帯山崎層／泥岩が熱変成を受けたホルンフェルス。小さな黒雲母がたくさんできて、紫っぽく見える

緑色岩（140mm）／市川町下牛尾／ジュラ紀丹波帯若井層／枕状溶岩として産出する緑色岩。暗い緑色でずっしりと重い。結晶は肉眼ではほとんど見えない

粘板岩（145mm）／宍粟市一宮町／ペルム紀舞鶴帯舞鶴層群／うすくはがれた面が波打ち、つややかな光沢がある

千枚岩（113mm）／佐用町若洲／ジュラ紀智頭帯大原層／薄くはがれるように割れる。雲母類が並び、割れた面には絹のような光沢がある。播磨では佐用町北部にわずかに分布する智頭帯の岩石

125

▶ 主な参考文献 ◀

■5万分の1地質図幅

神戸信和・廣川 治（1963）「佐用」地質調査所

猪木幸男・弘原海 清（1980）「上郡地域の地質」地質調査所

藤田和夫・笠間太郎（1983）「神戸地域の地質」地質調査所

尾崎正紀・松浦浩久（1988）「三田地域の地質」地質調査所

水野清秀・服部 仁・寒川 旭・高橋 浩（1990）「明石地域の地質」地質調査所

尾崎正紀・栗本史雄・原山 智（1995）「北条地域の地質」地質調査所

山元孝広・栗本史雄・吉岡敏和（2000）「龍野地域の地質」地質調査所

山元孝広・栗本史雄・吉岡敏和（2002）「山崎地域の地質」産総研地質調査総合センター

尾崎正紀・原山 智（2003）「高砂地域の地質」産総研地質調査総合センター

吉川敏之・栗本史雄・青木正博（2005）「生野地域の地質」産総研地質調査総合センター

佐藤大介・山元孝広・高木哲一（2016）「播州赤穂地域の地質」産総研地質調査総合センター

■町史・市史など

後藤博彌（1990）『福崎町史 第三巻』資料編 I、I章1節1～4 福崎町史編集専門委員会

兵庫県土木地質図編纂委員会（1996）

　　『兵庫の地質 兵庫県地質図1:100,000および兵庫県地質図解説書・地質編』財団法人兵庫県建設技術センター

後藤博彌・井上剛一・田中眞吾・成瀬敏郎（1998）

　　『姫路市史 第七巻上』資料編 自然、2（地質）～3（地形） 姫路市

後藤博彌・井上剛一・田中眞吾（2001）

　　『姫路市史 第一巻上』本編 自然、1（姫路市とその周辺の地質）～6（自然史の鼓動の中の姫路） 姫路市

■論文など

後藤博彌・山際延夫（1977）「兵庫県福崎町東部から発見された二畳紀化石」地学雑誌86（5） 47-49

西影裕一（1996）「姫路市の自然 地学案内及び自然災害」播磨学紀要2 3-96

小林文夫（1997）

　　「兵庫県の先白亜系基盤岩とその地質大構造」人と自然 Humans and Nature,No.8 19-39

福本美南・江籠徳行・角田優貴・赤松沙耶・平田真由佳（2010）

　　「兵庫県南東部加古川市一高砂市に分布する高級石材凝灰岩「竜山石」の赤色化の原因～兵庫県立加古川東高等
　　学校地学部（2010）を検証する～」形の科学会誌25（2） 178-179

磯﨑行雄・丸山茂徳・青木一勝・中間隆晃・宮下 敦・大藤 茂（2010）

　　「日本列島の地体構造区分再訪」地学雑誌119（6） 999-1053

磯﨑行雄・丸山茂徳・中間隆晃・山本伸次・柳井修一（2011）

　　「活動的大陸縁の肥大と縮小の歴史」地学雑誌120（1） 65-99

西来邦章・伊藤順一・上野龍之（編）（2012）

　　「第四紀火山岩体・貫入岩体データベース」地質調査総合センター速報no.60 産総研地質調査総合センター

佐藤大介（2016）

　　「兵庫県姫路市，家島諸島に分布する後期白亜紀火山岩類のジルコンU-Pb及びFT年代」岩石鉱物科学45 53-61

小出良幸（2017）「層状チャートの多様な成因について」札幌学院大学人文学会紀要101 31-61

毛利元紀（2019）「兵庫県姫路市南東部，奥山地域に分布する後期白亜紀火砕岩類の火山層序と噴火サイクル」
　　地学研究65（3・4） 129-131 159-178

毛利元紀（2021）「兵庫県姫路市南東部，飾磨区妻鹿:御旅山山塊に分布する後期白亜紀火砕岩類の産状と地質過程」
　　地学研究66（3・4） 159-181

■一般書

田中眞吾・中島和一（1998）『ひょうごの地形・地質・自然景観』神戸新聞総合出版センター

田中眞吾（2007）『兵庫の地理 地形で読む大地の歴史』神戸新聞総合出版センター

藤岡換太郎（2012）『山はどうしてできるのか』講談社ブルーバックス

木村 学・大木勇人（2013）『図解・プレートテクトニクス入門』講談社ブルーバックス

高橋直樹・大木淳一（2015）『石ころ博士入門』全国農村教育協会

西本昌司（2020）『観察を楽しむ 特徴がわかる 岩石図鑑』ナツメ社

堤 之恭（2021）『新版 絵でわかる日本列島の誕生』講談社

おわりに

　山を歩き、そこで見た自然をウェブサイト「兵庫の山々　山頂の岩石」につづり始めて23年になります。今回、このサイトがきっかけとなって、本にしたらどうかと声をかけていただきました。そこで、播磨の山々を歩きながら地質や地形を楽しむことのできる27コースを選びました。その中には、赤穂御崎のように海岸を歩くコースもいくつかふくまれています。多くはこれまでに歩いたことのあるコースでしたが、登山道などの新しい状況を知るためと、地質の観察に適した地点を決めるために、すべてを歩き直すことにしました。

　短い期間でしたが、いろいろなことがありました。ふもとのお寺の境内でお茶をいただいたり、登山口をたずねた人にバイクで追いかけられ何かと思ったらタケノコをもらったり。山頂では、うしろ姿をお願いしたどなたにも、快く写真を撮らせてもらいました。中には、前から撮ってと言われた人も…。27のコースを半年間で歩き、それを文章にするのは大変でしたが、そんな出会いにも励まされながら書き終えることができました。

　登山道で岩に張りついて観察していると、ときどき声をかけられます。「何しょってん？」とか、「何か珍しいものでもあるん？」などです。石を見ていると答えると、予想外の答えのようでだいたいの人が驚かれます。そこで、「この石は、ずっと昔、まだ恐竜の生きとった時代に火山の大噴火でできたんや」などと話し出すと、また驚かれます。山を歩く人たちの大地への興味が広がるために、少しでもこの本が役に立つことを願っています。また、子どもたちが身近な自然に興味を持つきっかけとなればとてもうれしく思います。

　本書の内容については、できるだけていねいな調査と最新の研究成果をふまえて書いたつもりです。もし、地質の観察や解説した内容に誤りがあれば、それは私の力不足によるものです。ご指摘をいただくと、大変ありがたく思います。

　地質学の専門家で絵の上手な田﨑正和さんには、「はりまの大地はどのようにしてできたか」にすばらしいイラストを描いていただき、また、日光寺山のフズリナ化石の産地を案内していただきました。心からお礼申し上げます。

2021年　秋の初めに

橋元　正彦

著者プロフィール

橋元 正彦 (はしもと まさひこ)

1956年　兵庫県神河町生まれ
1978年　北海道大学理学部地質学鉱物学科卒業
1980年　同大学大学院理学研究科地質学鉱物学専攻修士課程修了
広島県内、兵庫県内中学校・賢明女子学院で理科を教える
日本地質学会・地学団体研究会・日本地学研究会　各会員
兵庫県自然保護指導員
益富地学会館認定鉱物鑑定士
姫路市在住
ウェブサイト「兵庫の山々　山頂の岩石」

ブックデザイン：デザインスタジオ・クロップ　神原 宏一

石と地層と地形を楽しむ はりま山歩き

2021年11月12日　第1刷発行
2022年　4月15日　第2刷発行

著　者	橋元 正彦
発行者	金元 昌弘
発行所	神戸新聞総合出版センター
	〒650-0044　神戸市中央区東川崎町1-5-7
	TEL 078-362-7140　FAX 078-361-7552
	https://kobe-yomitai.jp/
印　刷	株式会社 神戸新聞総合印刷

©Masahiko Hashimoto 2021. Printed in Japan
乱丁・落丁はお取り替えいたします。
ISBN978-4-343-01133-6 C0044